1つずつ自分を変えていく

捨てるべき40の「悪い」習慣

午堂登紀雄
Tokio Godo

日本実業出版社

まず、次ページから始まる目次を、サッと流し読みしてみてください。

1つずつ自分を変えていく　捨てるべき40の「悪い」習慣　もくじ

言葉

01 否定語を捨てる……010
捨てられない人　優秀な人が遠ざかり、そうでない人が寄りつく。
捨てられた人　目的達成を助ける「ポジティブ思考」が身につく。

02 「自分はがんばってます」アピールを捨てる……015
捨てられない人　自意識過剰でウザい人だとみなされる。
捨てられた人　成果にフォーカスでき、結局は努力も評価される。

03 「忙しい」を捨てる……021
捨てられない人　環境の変化に気づかない。
捨てられた人　俯瞰力と業務処理能力が高まる。

04 他人への陰口を捨てる……028
捨てられない人　想像力が衰え、成長しない。
捨てられた人　メンタルコントロールの達人になれる。

05 言い訳を捨てる……036
捨てられない人　人が離れていく。
捨てられた人　信頼を勝ち取ることができる。

06 正論を捨てる……040
捨てられない人　口だけ達者な「面倒くさいヤツ」と評価される。
捨てられた人　組織を変えるキーパーソンになる。

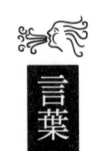

人間関係

07 手柄を捨てる……046
捨てられない人　周囲の不評を買う。
捨てられた人　「また、あなたと仕事がしたい」と言われるようになる。

08 「友達」を捨てる……050
捨てられない人　突き抜けた結果が出せない。
捨てられた人　自分を成長させてくれる人と出会える。

09 他人との比較意識を捨てる……055
捨てられない人　無駄なエネルギーを大量消費する。
捨てられた人　自分が幸せになるための行動に集中できる。

10 プライドを捨てる……060
捨てられない人　成長するチャンスを、ことごとく逃す。
捨てられた人　知識と人脈が広がり、最短距離で成長できる。

11 「いい人」を捨てる……066
捨てられない人　常に誰かの後ろを歩く人生になる。
捨てられた人　ふつうの人が気づけないバリューを見出せる。

12 人脈づくりを捨てる……075
捨てられない人　結局、人脈ができない。
捨てられた人　必要な人脈が自然にできる。

13 「ギブ&テイク」を捨てる……081
捨てられない人　失望や怒りを無駄に抱え込む。
捨てられた人　人間関係のストレスを軽減できる。

モノと金

14 自己啓発書を捨てる……………086
捨てられない人 関係者のカモになる。
捨てられた人 本当に必要な実務書に出会える。

15 物欲を捨てる……………096
捨てられない人 まったくお金が貯まらない。
捨てられた人 気がつけばお金が貯まっている。

16 節約・貯金志向を捨てる……………101
捨てられない人 人生の縮小均衡を招く。
捨てられた人 深く豊かな人生を得られる。

17 写真や手帳を捨てる……………106
捨てられない人 ゴミに家賃を払うことになる。
捨てられた人 過去の出来事が前向きなパワーに変わる。

仕事術

18 タイムマネジメントを捨てる……………112
捨てられない人 忙しいことで満足する。
捨てられた人 成果を追求できる。

19 顧客志向を捨てる……………118
捨てられない人 大胆な発想から遠ざかる。
捨てられた人 世の中をひっくり返すアイデアが出る。

20 「問題解決思考」を捨てる……………124
捨てられない人 やらなきゃいけない問題が増える。
捨てられた人 本当に大切な問題の解決に集中できる。

働き方

21 **情報を捨てる**……129

捨てられない人 情報に踊らされる。

捨てられた人 思考力が高まる。

22 **残業ゼロを捨てる**……134

捨てられない人 50代以後、収入が下がる。

捨てられた人 仕事の地力が高まる。

23 **完璧主義を捨てる**……142

捨てられない人 ストレスまみれの人生になる。

捨てられた人 挑戦できる体質になる。

24 **「自社基準」の評価を捨てる**……150

捨てられない人 他社・他業界で通用しない。

捨てられた人 ポータブルな能力が開発される。

25 **キャリアアップ志向を捨てる**……155

捨てられない人 しんどい人生まっしぐら。

捨てられた人 満足度の高い職業人生になる。

26 **アーリーリタイアを捨てる**……163

捨てられない人 結局、リタイアできない。

捨てられた人 一生好きなことをして過ごせる。

27 **成功体験を捨てる**……168

捨てられない人 ウザいオヤジになる。

捨てられた人 あらゆる経験を「いいとこ取り」できる。

弱い心

28 「忍耐」を捨てる……173
捨てられない人 無駄な努力が増える。
捨てられた人 「やりたいことを実現する方法」が見つかる。

29 二元論を捨てる……178
捨てられない人 思考が停止する。
捨てられた人 自分の判断に根拠と自信をもてる。

30 嫉妬を捨てる……186
捨てられない人 想像力が低下する。
捨てられた人 誰からでも学ぶことができる。

31 依存心を捨てる……194
捨てられない人 他人の都合に振り回される。
捨てられた人 自分の人生のハンドルを自分で握ることができる。

32 「分相応」を捨てる……200
捨てられない人 時代・環境の変化に取り残される。
捨てられた人 今の能力の限界を突破できる。

33 コンプレックスを捨てる……207
捨てられない人 発想が後ろ向きになる。
捨てられた人 ビジネスの強力な武器となる。

34 心配事を捨てる……213
捨てられない人 無駄に時間と気力が奪われる。
捨てられた人 やるべきことが見えてくる。

35 正義を捨てる……………218
捨てられない人 視野が狭まりガンコになる。
捨てられた人 多様な解決策が見出せる。

36 他人のつくった「成功」の基準を捨てる……………226
捨てられない人 社会や他人の基準に縛られる。
捨てられた人 自分基準の成功を定義できる。

37 反省を捨てる……………231
捨てられない人 自分を過小評価してストレッチできない。
捨てられた人 教訓や経験値が増えていく。

38 「社会は厳しい」を捨てる……………236
捨てられない人 窮屈な生き方を強いられる。
捨てられた人 人生が楽勝になる。

39 学歴・資格志向を捨てる……………241
捨てられない人 ヒマな人だと思われる。
捨てられた人 自己投資のリターンを最大化できる。

40 拡大志向を捨てる……………249
捨てられない人 無駄なものに気がつけない。
捨てられた人 満足度の高い生き方が見えてくる。

カバーデザイン●小口翔平+平山みな美（tobufune）
本文デザイン・ＤＴＰ◎ムーブ（新田由起子、徳永裕美）

さて、「自分に関係がある」と思った項目はあったでしょうか。

1つも思い当たる項目がなかったならば、この本を閉じて、書棚に戻していただいて結構です。

でも、もし「捨てたい」と思う項目が見つかったら、それをすべて捨てられるまで、ぜひこの本を手元に置いて参考にしていただけたらと思います。

一つひとつ捨てるたびに、少しずつ、あなたの人生は確実に変わっていきます。そして、捨てたいと思うものをすべて捨てたとき、やりたいことや、大切にしたいこと、自分が進みたい道が明確になっているはずです。

そのときは、この本も捨てるタイミング。そして、次は、自分が進む道に役立つ「実務書」に移行するのです。その時のあなたはもう、本書のような自己啓発書を読む必要はなくなっているはずです。

午堂登紀雄

言葉

01

否定語を捨てる

捨てられない人

優秀な人が遠ざかり、
そうでない人が寄りつく。

捨てられた人

目的達成を助ける
「ポジティブ思考」が身につく。

言葉

「自分にはムリ」

「リスクが高すぎる」

「やっても無駄だ」

「くだらない」


こういう言葉が口ぐせになっている人がいます。

とりあえず、今すぐこのような「否定語」を使うことはやめましょう。

なぜなら、否定語には、あなたを引き上げてくれる人や、あなたを助けてくれる人を遠ざけるパワーがあるからです。

「自分にはムリ」とか「リスクが高すぎる」という人に、助言したいと思う人はいません。応援したいと思う人はいません。「どうせアイツに何を言ってもダメだ」と思われ、有益なアドバイスや支援を受けることができなくなります。

「やっても無駄だ」とか「くだらない」という人に、新しいビジネスやチャレンジングなプロジェクトの話を持ちかけてくる人はいません。どうせ話の腰を折られるだけだ、と思われるからです。そうして、新しいチャンスがやってこなくなります。

さらに、否定語には、人間を思考停止させるパワーがあります。**「ムリ」「無駄」と思った瞬間に、脳はそれ以上深く考えることをやめますから、どんなに可能性があっても、課題を解決する方法を探さなくなってしまいます。**

たとえば、「海外に移住するという方法があるよ」と紹介されたとき、あなたはどう感じるでしょうか。

おそらくたいていの人は、「日本での仕事があるからムリ」「日本に家があるからムリ」「言葉がわからないからムリ」という反応をするでしょう。この瞬間、あなたの脳は考えることをやめ、海外移住できる方法を探さなくなります。

◉脳をフル回転させれば解決方法は必ず見つかる

しかし、本当にムリなのでしょうか。

たとえば「国名+不動産」で検索すると、世界のたいていの国には不動産業を営んでいる日本人がいることがわかります。これで住まいを探すことができます。「国名+ビザ取得」で検索すれば、長期滞在する権利を得るための条件がわかります。

たとえば私が滞在していたフィリピンでは、2万ドル（約2００万円）の預金と年間の更新料3６０ドル（約3・6万円）で、1年更新型の長期滞在ビザを取得することができます。家賃も、セブなどの安いところでは月々5０００ペソ（約1万4千円）で2ＬＤＫの物件を借りることができます。

子どもの教育環境が心配だという人もいますが、日本よりも安い費用でインターナショナルスクールに通わせることができる国もあります。私が不動産を購入したマレーシアでは、年間50万円程度の学費のインターナショナルスクールがあり、英語も中国語もマスターすることができます。

これに日本語を加えた3か国語ができれば、子どもは世界のほぼすべてのビジネスシーンで活躍できる素地ができるでしょう。

次に、どうやって収入を得るか。

たとえば翻訳やライター、デザイン関係の仕事なら、デジタルデータで納品できますから、どこにいても仕事はできます。あるいは「海外就職」と検索すれば、海外の求人サイトがたくさん出てきますから、日本にいながら日系企業の海外支社に就職するという方法もあります。

本書の原稿を書きながら少し検索してみると、「日系企業のマレーシア現地工場の品質管理スタッフ・月給30万円」という求人が見つかりました。平均月収が10万円に届かない現地の物価水準からすると、破格の待遇ではないでしょうか。ただし、募集要項には「英会話力必須」とあります。ならば、今日から英語の学習を始めれば良いとわかります。

現在、スカイプでマンツーマンレッスンができる英会話教室がたくさんありますし、相場は30分で１５０円前後。２時間利用しても１日６００円と、ランチ代程度です。

自らの頭脳をフル回転し、情報を探し、可能性を論理的に突き詰めていく。そうすれば、達成を阻害する要因が明確になり、それらを１つひとつ排除するアイデアも思いつくはずです。

「自分にはムリ」と言ってしまう人が、こうして深く調べたり、考えたりするでしょうか。否定語を発することはつまり、自分の可能性を自ら摘んでしまう、恐ろしい行為なのです。

02 「自分はがんばってます」アピールを捨てる

捨てられない人
自意識過剰でウザい人だとみなされる。

捨てられた人
成果にフォーカスでき、結局は努力も評価される。

「上司は私を叱責するが、私のがんばりを評価してくれない」
「努力しているのに年収が上がらない社会のシステムはおかしい」

この「私はがんばっている」「私は努力している」というセリフも、使ってはいけない言葉の代表例です。

そもそも「がんばっている」「努力している」とは、自分以外の誰かを評価するときに使う言葉であって、自分で自分を評価して他人に主張する言葉ではありません。

たとえば、自分が1日50件の営業電話をかけて「自分は努力している」と思っていても、他社のトップ営業マンは1日100件かけているかもしれません。

1日12時間働いて「こんなにがんばっているのに年収300万円はおかしい」と不満に感じていたとしても、他業界にいけば、1日16時間働いて「まだまだ」と思っている人もいるかもしれません。

実際、私の前職の経営コンサルティングファームでは、1日20時間働くなんてザラで、土日もないのが普通。それでもみなアグレッシブに働き、不平不満を言う人はいませんでした。
中国人や韓国人も同様です。特にビジネスエリートは日本人には想像できないくらい働きます。日本でも、日曜日に飲食店を予約しようとすると、営業しているのはたいてい中華料理店で、彼らは休みなく働いていることがわかります。

つまり、自分は努力していると思っても、世の中には圧倒的な努力をしている人が、うなるほどいるのが現実なのです。そうした人を知らずして「がんばっている」とは、言えば言うほどピエロ同然です。

◉ビジネスの世界は結果がすべて

基本的に、他人は結果のみで判断し、プロセスでは評価してくれないものです。
「どんなに素晴らしい意見を持っていても、それを発信しなければ、何も考えていないのと同じ」。どんなにたくさんの勉強をしても、それが社会への貢献や自分の収入に活かされなければ、何も学んでいないのと同じです。

とくに仕事では、結果を出してこそ、そのプロセスを讃えられるものです。努力が評価されるのは学生までであって、結果が出ずして他人に「きみはがんばったね」「よく努力したね」と言われたら、たいていの場合、慰めでしかありません。

たとえばあなたの部下や後輩から「私だってがんばっているんです！」「それなのに、なんでこんな評価なんですか！」と言われたら、どう感じるでしょうか。

「気持ちはわかるけど、おまえさぁ……」とウザく感じるか、「それ、誰と比べて言ってんの？」とか「具体的に何をどうがんばってんだ？」「それ、努力って言えるレベルだと思ってんの？」と呆れるのではないでしょうか。

本当に認められる人というのは、自分の評価は他人に委ね、結果で勝負をします。結果で勝負するということは、すべてが自己責任であることを受け入れる、ということでもあります。

だから不平不満も言わず、目の前の仕事に集中する。結果が出なかったときは潔く認め、次への糧とする。そうした姿勢は、周囲からは頼もしく見えます。言い訳せず、責任を取れる人だと映ります。だから、プロセスを評価してもらおうとするのをやめ、アウトプットに注力することです。

◉プロセスの評価は打ち手の練磨のため

しかしそれは、「プロセスはどうでもいい」ということではありません。「自分はがんばっている」を捨てて結果にフォーカスするための姿勢とは、まず「結果から逆算してプロセスを考える」ことです。

「このような結果を得たい。そのためにはこういう手を打つ必要がある」「もし思うような結果が出なかったとしたら、打ち手が間違っているのだ」という発想です。

たとえば「見込み客を１００人集める」という業務があったとすれば、「知り合いに声をかけたりテレアポ・飛び込み訪問をしたけれども、10人しか集まらなかった。でも自分はがんばった。この努力は認めて欲しい」という考え方ではありません。

そうではなく、「１００人の見込み客を集めるにはどうすればよいか」という打ち手の仮説を立て、実行し、検証する。集まらなければその理由を探り、新たな打ち手を考える。再び実行し、検証する。

そうやって仮説検証サイクルを何度も回す。上司や同僚、部下からもアイデアを集め、助言を得て、考えられる手はすべてやってみる。周囲が「そこまでしなくても……」と「引く」ぐらい、試行錯誤する。それでも集まらなかったときに初めて、「すみません、自分の力不足です」と潔く自分の非を認める。

そんな姿を見て周囲は、「あそこまでやったんだから、気にするな」とあなたの努力を認めてくれるというわけです。

03

「忙しい」を捨てる

捨てられない人　環境の変化に気づかない。

捨てられた人　俯瞰力と業務処理能力が高まる。

「忙しい」という言葉も、今日からやめましょう。
「忙しい」と言う人は、たいてい見栄っ張りです。「私は有能な人」とアピールすることで、完全燃焼できていない自分へのイラ立ちを消したいとか、自信のない自分や成果が出せない自分を隠したい人なのです。

スケジュールに遅れた言い訳で「すみません、ちょっと忙しくて……」と言う人がなぜ信用を失うかというと、「自分のことに夢中で、相手のことはどうでもいい」という、自己中心的な気持ちを見透かされるからです。

つまり「忙しい」とは、自信のなさ、見栄にすがりつく内面の弱さ、そして自己中心的な発想を露呈してしまうという、結構恥ずかしいセリフなのです。

また、意識的に「忙しい」を連発してみるとわかるのですが、不思議なことに、本当に慌ただしい気分になります。たとえば12月に入った途端、ふだんとやっていることは変わらないはずなのに、なんとなく気分が落ち着かなくなるのと同じように。

そうやって慌ただしい気分になると、周囲を俯瞰して見る余裕、物事をじっくり考える余裕がなくなります。

なぜそれが問題かというと、変化に気がつかなくなるからです。

たとえば業界全体が縮小している、会社の景気が悪化している、というマクロな視点から、取引先の様子があやしいから与信をかけ直すべきだとか、家族が不満に感じているからケアしよう、というミクロな事柄まで、周囲の環境がどう変わり、自分の人生がどちらの方向へ進んでいるかに気がつかなくなる。

もちろん、ときには脇目もふらずに集中して取り組む場面もあるでしょう。でもだからといって、心まで忙しくなると、環境変化や大切な人が発しているメッセージに気がつかない。

だから、「忙しい」という言葉を、あなたのボキャブラリーから削除するのです。具体的な方法は、ただ「忙しい」をやめ、「まだまだヒマだ」と自分に言い聞かせる、という単純なことです。

これには2つの効果があります。1つは、「忙しくて手が回らない」という自分への言い訳を排除できる点です。**そして、「この分量をどうやったらもっとうまくこなせるか」という発想に切り替わります。「課題を全部書き出して、優先順位を考えなおしてみよう」といったように、やれる方法を探すようになります。**それが自分のキャパシティを広げ、業務処理能力のストレッチにつながるのです。

◉脳の思考領域にスペースを開ける

もう1つの効果は、脳の思考領域に余裕ができる点です。忙しい中でも「忙しくない」と言い聞かせることで、「あれもこれもやらなきゃ」という心理的パニック状態から、一歩引いて冷静になることができます。

そうすると、優先順位を柔軟に変更することができますし、目の前の仕事だけではなく、その先の未来の仕事や方向性も同時に考えることができるようになります。仕事に追われるのではなく、自分で仕事をコントロールしている、というハンドリング感を持てるようになります。

私自身も、いつもそうやって目の前のことに集中しつつも、同時に中長期スパンのプロジェクトに思考を巡らせるよう意識しています。

さらには、周りからは安定感のある人物だと映ります。

どう考えても忙しいのに、飄々とした顔で「いえ、問題ありません」という余裕は、ビジネスパーソンとしての大きな器を示すことができます。

「ああ、忙しい、忙しい」とバタバタしている人よりも、表情を変えずに「あ、僕がやりますよ」という人のほうが「デキる」と感じます。仕事を頼みやすい、相談をしやすい雰囲気にもつながります。結果として、上司や部下から頼られます。

◉日本の首相の忙しさを知っているか

ちなみに、２０１４年8月時点、日本の総理大臣は79の会議のメンバーになっています（「総理、副総理または官房長官を構成員とする会議」：首相官邸ホームより）。加えて外遊や記者会見、海外要人との会合などもこなすので、相当な忙しさです。

参考までに、安倍晋三首相のある日のスケジュールを次ページでご紹介しましょう。彼と比べると、私自身もなんてヒマなんだろう、と感じます。自分のキャパシティを超えた仕事量だと思っても、まだまだやれる余地は大きいということがわかります。

同38分から同44分まで、同ホテル内の宴会場「芙蓉」でアライアンス・フォーラム財団主催の「AFDPアフリカ首脳・経済人会議」に出席し、あいさつ。

同46分、同ホテル発。同50分、「ヨコハマ　グランド　インターコンチネンタル　ホテル」着。

同4時1分から同26分まで、コートジボワールのワタラ大統領と会談。同28分、同ホテル発。同30分、パシフィコ横浜着。

同31分から同35分まで、「アフリカン・フェア2013」セレモニーに出席し、あいさつ。

同38分から同50分まで、黒岩祐治神奈川県知事らと同フェアを視察。同51分、同所発。

同52分、「ヨコハマ　グランド　インターコンチネンタル　ホテル」着。同5時4分から同20分まで、ブルキナファソのコンパオレ大統領と会談。

午後5時29分から同47分まで、アルジェリアのベンサラ国民評議会議長と会談。同6時35分、同ホテル発。同37分、横浜ロイヤルパークホテル着。

午後7時から同55分まで、同ホテル内の宴会場「鳳翔」で、首相・横浜市長共催歓迎レセプション。

同57分、同ホテル発。同59分、「ヨコハマ　グランド　インターコンチネンタル　ホテル」着。

6月1日午前0時現在、宿泊先の同ホテル。来客なし。

■ある日の首相のスケジュール

午前8時2分、東京・富ケ谷の私邸発。

午前8時16分、官邸着。

午前8時25分、閣議開始。

午前8時41分、閣議終了。

午前9時42分、官邸発。

午前10時19分、横浜市西区の「ヨコハマ　グランド　インターコンチネンタル　ホテル」着。

午前11時から同19分まで、エチオピアのハイレマリアム首相と会談。同25分から同41分まで、セネガルのサル大統領と会談。

午前11時54分から午後0時14分まで、リベリアのサーリーフ大統領と会談。同19分から同38分まで、ソマリアのモハムド大統領と会談。

午後1時37分から同2時2分まで、南スーダンのキール大統領と会談。同8分から同31分まで、ガーナのマハマ大統領と会談。

午後2時37分から同58分まで、モザンビークのゲブザ大統領と会談。

午後3時6分、同ホテル発。同7分、同区の国際会議場「パシフィコ横浜」着。同9分から同17分まで、日本、ソマリア両政府、アフリカ連合（AU）委員会共催の「ソマリア特別会合」に出席し、あいさつ。同18分、同所発。同19分、「ヨコハマ　グランド　インターコンチネンタル　ホテル」着。同20分、同ホテル発。同23分、同区の横浜ロイヤルパークホテル着。

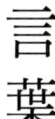

04

他人への陰口を捨てる

捨てられない人

想像力が衰え、成長しない。

捨てられた人

メンタルコントロールの達人になれる。

「ウチの会社はバカだ」

「社長は何もわかっていない」

「上司が本当に能なしで困る」

「なんでアイツが……」


居酒屋で飛び交うこんなセリフ。たまのガス抜きならいいじゃないかと思うかもしれませんが、私の周りで不平不満を言って大成した人はいません。

その理由を、少し理論的に考えてみましょう。

①「非論理的な人間」「組織に向かない人間」というレッテルを貼られるから

上司や同僚の不平不満を言う人は、たいてい面と向かってではなく、陰で言います。相手に直接言う勇気がないということだけでなく、相手に対する不満や改善点を合理的に伝えて説得することができません。

自分の都合で相手の文句を言っているだけで、理論立てて相手が納得できるような説明ができないから、陰口になるのです。

たとえば上司の指示があいまいで、いつもやり直しをさせられるのが不満であれば、「やり直しが頻繁に生じるのは効率的ではないので、最初に成果物のゴールイメージを具体的に共有しておきたいのですが」と言うことは難しくないはずです。

もちろん、「いくら言っても無駄な人」というのは一定数いますが、たいていの場合は、あなた自身の感情が邪魔して論理的な会話ができないことが原因です。また、本当に不満なら、その状況を変えるべく客観的かつ建設的な提案になるはずです。

つまり、不平不満をいう人は、感情的で非論理的な思考の持ち主であるという扱いを受けてしまうのです。果たして、そんな人が企業にとって求められる人材になり得るでしょうか。

悪口を言う習慣がついてしまうと、人をそういう風にしか見れなくなる

②自己中心的だから

不平不満とは、「他人の言動や状況に対する自分の感じ方」に過ぎません。

満足するというのは、相手や状況が自分の思い通りになったとき。逆に不満とは、自分の思い通りに運ばないときに起こる感情です。相手が自分の希望通りに動いてくれないから、「あいつはダメだ」「ムカつく」という感情につながります。

なぜ不平不満を抑えられずに相手にぶつけるかというと、「自分は正しい」と思っているからです。「自分は間違っていない。だから自分は変わる必要はない。間違っているのは相手。だから相手が変わるべきだ」という思考パターンです。

相手の立場や価値観の違いを鑑みることなく、自分の期待値だけを押し付ける。自分は変わろうとせず、相手にだけ変わることを望む。これを自己中心的と言わずして、何と言うのでしょう。当然ながら、こんな人が周囲から応援されるはずはありません。

③決断力がないことがバレるから

「ウチの社長はバカだ」という人には、「そのバカ社長に使われているあなたは、さらにどうしようもないバカですね」とツッコミを入れてみましょう。

ネズミでさえ、沈みかけた船からは脱出します。バカ社長・ダメ会社だとわかっているにもかかわらず、その会社にいるわけですから、その人の判断力とはその程度だということ。「こんな会社辞めてやる」という人に限っていつまでも辞めることがないのは、よくある光景です。

優秀な人材は、「ああ、ここでは成長できない」と思ったら、周りに言いふらすことなく、ひっそりと会社を辞めます。だから周囲からは、「えっ、あの人が！」と青天の霹靂のように映ります。

「ダメ」と思った時に即決できるのか、あるいは文句を言いつつもダラダラ残るのか、そこには埋めようのない決断力の差があります。

④自分の言動に対する想像力が乏しいから

いつの時代も転職理由のトップは「人間関係」です。

その中でも不幸になる転職の代表例とは、会社や社長や上司の愚痴を言って、だんだん職場で自分の居場所がなくなり、転職するしかなくなるケースです。

愚痴は巡り巡って必ず本人の耳に届きます。

たとえば陰で上司の愚痴を言えば、それを聞いた他の人が、別の場で同じようなネガティブフレーズを口にします。そして上司は陰で自分が悪く言われていることに気が付きます。

そして、同じようなフレーズがAさん、Bさんから出れば、「AさんとBさんの両方と仲の良いCが言っているんだな」と、なんとなく目星がつきます。

上司も人間ですから、自分の陰口を叩く社員のために、何かしてあげたいとは思えなくなります。その社員に対して笑っても作り笑顔になる。声をかけても表面的になる。そしてだんだんと声もかけなくなる。

その社員自身も、上司や社長の心証の変化を敏感に感じ取って、ますますギクシャクするようになる。すると、なんとなく会社での居心地が悪くなる。

そして「こんな会社おもしろくない」と割り切ろうとして仕事に打ち込めなくなり、成果も出にくくなり、ますます立場が悪くなる。やがて会社との距離を広げていき、最後は転職を考えるようになる……というわけです。

こういう人は、どこの職場に行っても同じパターンで、結局転職を繰り返す生活を送ることになります。つまり、不平不満や陰口は、自分で自分を追い詰める自殺行為なのです。

問題は、自分の言動がどういう結果を招くかを想像できない感受性の鈍さです。想像力が欠如した人が、何事かを成せるでしょうか。

⑤時間を無駄遣いしているから

成功する人が不平不満を言わない最大の理由は、生産性のない時間を何よりも嫌うからです。不平不満を言ったところで何かが変わるわけじゃない。

後ろ向きの人と一緒に仕事をすれば、そうした愚痴を聞く無駄な時間が増えることになります。だから有能な人は、不平不満を言う人から遠ざかります。そうして愚痴を言う人の周りには、必然的に愚痴っぽい人しか残らなくなります。

言葉は感情の増幅装置としての側面がありますから、口に出すとその声を聞いて脳が改めて認識し、ますます不平不満が強くなり、愚痴ループにハマります。

こうして考えてみると、不平不満や愚痴を言うことは、恐ろしく愚かな人間だけができる行為である、ということがわかります。

◉では、どうすればよいか？

もちろん、すぐに不満の感情を消せるわけではないでしょう。どんな人でも、「ムカっ」とくることはあります。私もそうです。ただし、その後の感情を、自分自身で修正できるかどうかが重要です。

1つの方法は、その人や状況との利害関係を薄める方法を考えること。少し極端な例ですが、たとえばあるテレビ局が韓流番組に偏っているとして、抗議デモがありました。しかし不満があるなら見なければいいだけの話です。見なければ、どんな番組を放映しているかどうかも知り得ませんから、気になりません。

もう1つは、「この不満な感情を払拭するには、自分はどうすればよいか？」と考えることです。相手に変われと願うのではなく、自分が変われること・できることを探すのです。

たとえば、「なんでアイツは連絡のひとつもよこさないんだ！」と憤るくらいなら、自分からさっさと連絡する。「あの件、どうなった？」と聞けばいいだけ。

他人を自分の思い通りにさせようとして、そうはならないからイライラします。自分でできる不平不満の解決方法を探して行動することで、不満な感情を和らげることができます。

05

言い訳を捨てる

捨てられない人
人が離れていく。

捨てられた人
信頼を勝ち取ることができる。

ビジネスの場面で言い訳する人は、周囲からの信頼を失い、人から見放されていきます。

「○社からの見積りがまだ出てないが、どうなってる?」と上司に聞かれたとき、「先方からの返事がまだ届いていません」と部下が答える光景は、よく見られます。

しかしこれは、「悪いのは相手であって、自分は悪くない」と言っているようなもの。当然上司から「それならさっさと確認の連絡を入れろ!」と怒鳴られることになります。

望ましいのは、「すみません、私がもっと密に確認をしておくべきでした。すぐに電話して至急提出してもらうようにします。いったん私が精査し、今日の午後イチには一報を入れます」と、謝罪したうえで対応策を具体的に報告することです。

そうすれば、次にどうするかが見えているので、上司としてもそれ以上は怒る理由がありません。「そうか、なるべく早く頼む」となるでしょう。

言い訳する人は一事が万事、「自分は悪くない」「悪いのは他人だ」という思考が先に立ちます。

自己保身が最優先であり、「いかに責任を負わないで済むか」「自分に非難の矢が飛んでこないようにするか」に全力を尽くす姿勢が染み付いています。

だから企業や政治家が不祥事を起こしたあと、記者会見で言い訳をすると、責任逃れの姿勢を追求されてメディアで「炎上」するわけです。

「謝るのは負けたみたいでくやしい」、「自分が非難されるなら誰かを巻き添えにしないと気が済まない」という自己中心的な考え方に支配され、「責任を取れる人は潔い」とか、「問題に真正面から取り組む」という発想がありません。

◉倒産した経営者が再び起業して復活できた理由

私の友人で、不動産開発で成功している人がいます。彼はサラリーマン時代、自分の勤めていた会社がリーマン・ショックの影響で倒産した過去を持っています。

倒産前、資金繰りは悪化し、当然ながらお金を払うことができません。そんなとき、出資者や債権者のところに説明に行くのは、普通は嫌なものです。「いつ払えるんだ」「何やってんだ」と罵倒されるのがオチだからです。だから足が遠のき、それがますます債権者の怒りを買います。

しかし彼は逃げないどころか、出資者や債権者はもちろん、支払いが滞っている全員のところへ毎週のように状況報告に行きました。メールではなく直接訪問で。

倒産して解雇されるまで続けたその姿勢が、「しっかりと報告に来てくれるのはキミだけだ。キミは誠実だ」とプラスの評価に変わりました。

そして倒産後、彼が不動産会社を立ち上げたとき、過去に迷惑をかけたはずの取引先から、土地の情報や融資を受けることになります。

不況にもかかわらず、幸先の良いスタートを切ることができ、3年目で年商30億円にまで急成長しました。

自分が不利になる結果になっても、言い訳せずに責任を自分のところにたぐり寄せ、最後まで逃げない姿勢が、最終的に信頼を勝ち取ることにつながったのです。

06

正論を捨てる

捨てられない人

口だけ達者な「面倒くさいヤツ」と評価される。

捨てられた人

組織を変えるキーパーソンになる。

言葉

正論を言う人は、正義感が強い人です。こういう人は概して真面目で、優秀です。だから、たとえば会社組織に矛盾があると、ガマンができません。しかし企業というものは、どこかに矛盾や非効率をもっているものです。

それが未解決のまま放っておかれているのは、必要悪であるか、解決にエネルギーを割くより放置したほうが楽であるか、実害が少ないと判断されているためです。あるいは創業者が作ったしくみで、歴史的にもすぐには変えられない、というケースもあるでしょう。

もちろん、不正や違法行為を見逃して良いということではありません。顧客や会社に明らかな損害を与えるものは今すぐ修正する必要がありますが、納得できない不条理や不合理、無駄なプロセスや文化は多くの組織に少なからず存在します。

「うちの会社は時代遅れだ」

「こんなのがまかり通る組織は絶対におかしい」

そんなことを言う人は、会社にはうっとうしく映り、結果として「あいつは面倒くさいヤツ」という評価になりやすい。そんなことは周囲だって百も承知、わざわざ言い立ててもどうしようもないのに……というわけです。

◉チャンスをつかむ人の方法

反対に、チャンスを手にする人は、組織には理不尽さや矛盾があることを受け入れます。会社とケンカしても無駄だとわかっているから、自分はその中でどう行動するべきかを考えます。

「どうしてもこの問題は解決しなければならない」と思ったときは、客観的かつ周囲を慮った言い方をします。

たとえば「そのやり方には、これらの問題が指摘されているようです。試しに、○○のような方法を取り入れてみてはいかがでしょうか」というふうに。

それでもダメなら、上司が納得するような根拠・方法・成果をまとめて提案書として提出するとか、自らやってみて実績を出し、自分の主張の正しさを証明したあとで会社への説得を試みます。

知人の不動産会社の話です。

ある販売チームが成績不振で、もし予算達成できなければ次のボーナスはない、と会社から言われました。危機感をもったメンバーは、全員で集客のための高額な勉強会に参加し、集客方法を学びました。その内容は次のようなものだったそうです。

自分たちで無料セミナーを開催し、そのセミナーをビデオ撮影して動画を作る。ウェブサイト上やDMで、メールアドレスを登録した人にその動画を無料でプレゼントするというキャンペーンを打つ。集まったメールアドレス宛に、再び無料セミナーや無料相談会を告知する、というものです。

勉強会やセミナー開催などの費用は、チームの全員が分担して自腹で捻出したそうです。予算が未達なので、会社にはとても請求できなかったから、ということです。

そして半年後、チームの売上は急激にアップして営業部全体でもトップの成績となり、ボーナスはゼロどころか増額支給となりました。

当然、会社もそのチームの激変ぶりを不思議に思い、事情を尋ね、裏側を知ることとなります。

そして、その取り組みと成果を高く評価した会社は、これまでチームで出し合っていた費用を全額負担してくれるようになったそうです。

「変えろ」と言うだけなら誰でもできる。でも行動が伴わなければ、外野の無責任発言でしかありません。「言うだけ番長」は、「なら、お前がやれ」と言われると腰が引けます。目上の人からは、そういう姿勢を見透かされるのです。だから応援してもらえないし、引き上げてももらえない。

それよりも、自ら動いて結果を出す。「こういうしくみが必要だ」と思うなら、まず自分でやってみる。そこで出た結果が何よりの説得材料となります。

そうすれば、先の例のように、ボーナスを出さないと言っていた会社だって変わる。自分の思うとおりに組織を動かせる可能性だってある。

つまり最初にすべきことは、会社に変革を迫ることではなく、自らを変革させること。正論を語る前に、正論を実践して結果を出すことなのです。

人間関係

07

手柄を捨てる

捨てられない人

周囲の不評を買う。

捨てられた人

「また、あなたと仕事がしたい」と言われるようになる。

私がよく紹介する、次のようなジョークがあります。

「こんな大型契約、みんな驚くでしょうね。先輩！」

「ああ。早速戻って報告しよう」

営業部の山田君は、水野先輩と喜びをかみしめながら社に戻りました。

「山田さん！　おめでとう！」

「おめでとう、山田君！」

まだ報告する前に、みんなから拍手で迎えられ、部長までじきじきに山田くんに握手を求めてきました。山田くんはその手を握って言いました。

「いやあ、そんな、僕は何もしてません。すべて水野先輩にやっていただきまして。僕はもう、そばで見ていただけなんですよ」

山田君が照れながら言うと、その場にいた全員が凍りつきました。

部長は顔をひきつらせながら、差し出した手を水野先輩に向けました。

「そうか……。水野君、おめでとう。山田君の奥さんに赤ちゃんが生まれたそうだ」

そんな笑い話なのですが、ここで学ぶべきは、山田君が手柄を先輩に譲ろうとしたことです。

誰でも、自分の実績や成果を誇りたいものです。契約がとれた、売上が上がった、コストダウンを達成した、人と人をつなげた……。もしそこに自分が貢献していれば、「自分のおかげだ」と主張したくなる。

でも、それをアピールした瞬間、周囲から「おまえだけの力じゃないだろ」「人の手柄を盗むようなことをするのか」「おまえに協力したほかのスタッフに感謝できないのか」「鼻につくヤツ」と思われてしまう可能性があるのです。

「よくやったね、成功したのはキミのおかげだ」と言われたときは、ぐっとこらえて、「いや、こんなにうまくいったのは皆さんのおかげです。本当にありがとうございました」と、自分の手柄を手放し、周囲の協力をねぎらうのです。

営業は、社内のサポートスタッフがいるから営業活動に専念できます。上司や部下がいるから自分の力を発揮できます。会社という器があるから、仕事ができます。そういうあたりまえのことを常に忘れず、周りに感謝する。

そういう姿勢は、あなたの上の人間も下の人間もよく見ています。上の人間は、「周囲に気配りができる、謙虚な人物だ」と認めますし、下の人間は、「この人は自分を認めてくれている」と自己肯定感を得られます。そして、「またあなたと仕事がしたい」という、信頼を手に入れることができるのです。

08

「友達」を捨てる

捨てられない人

突き抜けた結果が出せない。

捨てられた人

自分を成長させてくれる人と出会える。

ビジネスで成功している人の中には、「友達は少ない」と豪語する人が少なくありません。

私の友人で年収1億円以上の起業家は、「友達は数人くらいかな」と言いますし、やはり1億以上稼ぐネット起業家は、「友達は片手で数えられるほど」とのこと。日本有数のラーメンチェーンの創業者は、講演で「俺は友達なんていない」と大真面目で語っていました。

そこには、一般人が理解しがたい思考と感性を持っていることもありますが、根底にある強烈な目的達成意識が、ただの友人という関係性を必要としない理由があるようです。

◉昔話や「傷の舐め合い」にはメリットがない

私の周りのオーナー経営者の多くは、「話をしても合わない」という理由で、学生時代の同級生とは疎遠になったと言います。

古い友人との典型的な話題といえば、昔話です。しかし経営者は昔話に興味がありません。現在と未来しか見えていないので、過去の話をしても、なつかしいとは感じても、直接的なメリットは何もないということでしょう。もちろん、過去の栄光にすがっても、同じくメリットはない。

時折旧交を温めることは悪いことではありません。しかし頻繁につるんでいると、同じ昔話の繰り返し、何ら生産性がない時間となります。

愚痴を聞いてくれる友人は貴重だ、という意見がありますが、それは自ら感情のコントロールができず、自分で自分のガス抜きができない人、あるいは一人で問題解決ができない人です。

そうした人は逆境やストレスに弱く、自分で自尊心を維持できません。だからこそ、他人に愚痴を聞いてもらい、「わかるよ」と共感してもらい、自分は間違っていないと後押ししてもらい、「おまえなら大丈夫だよ」と慰めてもらい、安心感を得る必要があるのです。

しかし結果を出す人は、愚痴を聞いてもらう必要がありません。なぜなら、自分の思い通りにならないことがあっても、愚痴を言うより「ではどうすればいいか」と次の策を考え実行することのほうが、優先順位が高いからです。

◉孤独や孤立は目的達成の原動力になる

「経営者は孤独」と言われる理由の1つは、彼らがたいてい一人で考え一人で決断するからです。その強さが、すべてを自己責任として引き受け、周囲がどうあろうと自分の目的を達成しようとする原動力となります。

会社が成功している社長ほど、一人で考える時間を確保します。急成長する若い会社でひずみが発生しやすいのは、多忙すぎて社長が一人で考え抜く時間が確保できなくなるからではないでしょうか。

反対に、一人で行動できない人や、いつも誰かと一緒でないと寂しいという人は、他人に合わせる志向が強いため、他人と違うことを避け、結果的に突き抜けた成果が出せなくなります。

◉目的達成に関係ない人とつきあっている時間はない

私が大学生と交流して感じるのも、一人で孤立しているように見える人のほうが考え方がしっかりしていて、友達が多く人付き合いが良い人のほうが、どことなく思考が浅いということです。

もちろん他人と議論することも大切で、意見を交わすことによって新たな着想が湧く、自分の考えが整理されるという効果はあります。しかしそのような効果を得られる相手は、「凡人」の友達ではなく、自分よりも優秀な人物のはず。

たとえば「もっと儲けたい」と思ったら、儲けにつながることに時間を費やす必要がある。「もっと成功したい」と思ったら、「どうすれば成功するか」について考える必要がある。**一人でいればこそ、そういうことをじっくり考え、自己を内省し、次の動き方・戦略を組み立てることができます。**

実際、何かを成そうという目的があり、集中している人には、他人とつるんでいる時間はありません。

受験勉強に必死になっている受験生。会社を立ち上げたばかりでテレアポ営業に必死になっている起業家。マンガや小説をのめり込んで書いている作家。会社で企画書を一気にまとめあげるビジネスマン。みな一人で邁進し、他人が入り込む余地は少ないはずです。だって、人生は短いのですから。

09 他人との比較意識を捨てる

捨てられない人

無駄なエネルギーを大量消費する。

捨てられた人

自分が幸せになるための行動に集中できる。

お隣さんが高級外車に買い替えたけど、ウチは国産のコンパクトカー。子どもの同級生が年末年始はハワイ旅行に行くらしいが、ウチは自宅で紅白を観る。同僚は先に課長に昇進したが、自分はまだ主任止まり……。

そうやって他人と比較しては、心が穏やかでなくなる人がいます。言いようのない敗北感・挫折感に襲われるという人もいます。

「オレだって高級車を買えるくらい、次のボーナス査定ではがんばるぞ！」などと、他人と比べてやる気が出る人は問題ないですから、どんどん比べればいい。

でも、もし他人を見ては自分の感情が不安定になる、「ムカつく」「自分は情けない」と感じるとしたら、それは他人との比較を捨てたほうがよい人です。

そうした感情は、焦ったりイライラしたり、不愉快になったり落ち込んだり、嫉妬したりクサったりという、無駄なエネルギーを大量消費することになってしまいます。それでは前向きなモチベーションは生まれず、卑屈な発想になる。前向きな行動ではなく、人の足を引っ張る行動になることがあります。

◉自分の判断を尊敬できる自分になる

ではどうすれば「他人が気になる自分」を捨てることができるか。

1つの方法は、自分の価値観とそれに基づく判断を尊重することです。他人の基準で自分の価値を計測しないで、自分基準で計測するということです。

たとえばお隣が高級車に買い替えたとしても、「自分にとって車は単なる移動手段だし、土日しか運転しない。であれば、無駄に大きな車より、燃費や税金が割安なコンパクトカーのほうが合理的」という結論を出す。

豪邸を建てた同級生を見ても、「自分にとって家は道具に過ぎない。そこに多額のお金を突っ込んでほかの活動が制限されるよりも、家はそこそこにしておけば、浮いたお金でもっと楽しいことに使える」という結論を出す。

そうやって自分の行動・判断をロジックで支えることで、うらやましいとか卑屈になる感情を薄めるのです。

これは自分を慰めるわけでも、感情をごまかすわけでもなく、あくまで「自分の価値観はこうである。だからそれに基づく判断は、自分の幸福に寄与する」という合理的な根拠を持つためです。

そのためには、自分自身の幸せの基準というか「軸」が必要です。いったい自分は何に幸福感を覚えるのか。どういう状態を目指しているのか。その軸が強ければ強いほど、他人の状態を「自分とは違う価値観の人」としてスルーできるのです。

「出世」が自分の軸であれば、出世に役立たないことは重要度が落ちるのでスルーできる。いつまでも若々しくいることが自分の軸であれば、それに貢献しない誘惑はやはり重要度が落ちるのでスルーできる、というわけです。

◉「自由」を軸に置くと、他人の言動は気にならなくなる

私が目指している成功の条件とは「自由」ですが、これは経済的自由、時間的自由、精神的自由、人間関係の自由、場所の自由を意味します。

そう考えたとき、たとえば他人より容姿や身長の高さで劣っていても、自由になることとは何ら関係ないことがわかります。

たとえば高級車を持つことは、運転や車庫入れに気を使うから、かえって邪魔。高級時計やブランド服を持つこと、学歴や頭の良さも自由とは無関係。大きすぎる家は掃除が大変だし売却しにくいからやはり意味はない。自分の幸福の軸が明確であればあるほど、他人に感情を揺さぶられる場面が減ります。

しかし年収や貯金は自由の獲得に関係あるから、気になります。自分の目指す方向と重なる人、つまり自分より自由な人を見ればうらやましくなります。

ただし、それはマイナスの感情ではなく、「この人はいったいどうやったのだろう」と調べようとするので、逆にプラスの影響になります。

10 プライドを捨てる

捨てられない人

成長するチャンスを、ことごとく逃す。

捨てられた人

知識と人脈が広がり、最短距離で成長できる。

プライドには、自分に対するプライドと、他人に対する「見栄」のプライドの2種類があります。

自分に対するプライドとは、たとえば「自分はこのくらいではへこたれない」とか、「自分はまだまだやれる」という、自己に対する信頼感、自らの可能性を信じる気持ちのことです。自身が依って立つ根拠であり、行動指針です。

その一方で、「年下の人間に使われるのは沽券に関わる」とか「自分から謝るのはプライドが許さない」などと考える人がいます。これが、ゴミの役にも立たないどころか、人生を台無しにする邪魔な感情の「他人に対するプライド」です。

彼らは、他人からバカにされたり、見下されたり、不遜な態度を取られたりすると、「プライドが傷ついた」「プライドが許さない」などと逆上します。彼らのプライドは、他人との関係性で優位に立ちたいという見栄にフォーカスされているからです。

年下だとわかると途端にタメ口になったり、飲食店で店員に横柄な態度を取ったり、自分の意見に反対されると猛抗議したりするのもこのタイプです。

「器が小さい」「ケツの穴が小さい」と言われるのは、彼らのように見栄のプライドにしがみつくあまり、他人の言動によって自分の感情が支配されている人のことです。

他人に対するプライドを捨てられる人は、年下の人間にも頭を下げて教えを請うことができます。ちっぽけなプライドよりも、自分の知識欲を満たすことや人脈を広げること、そして自分の成長にフォーカスしているからです。

そしてそのためには、相手を気分よくさせることが必要であり、「へりくだる」ことはタダでできる自分の販促手段であるとわかっています。そうした姿勢は一見「謙虚な人」と映りますが、名より実を取る、徹底的な現実主義者なのです。

しかし、そんなプライドが捨てられない人は、自分が「小物扱い」されることを極端に嫌い、こうした行為が自らを利する「人間マーケティング」だと考えることができません。こうして自らの成長のチャンスを逃します。

●見栄を捨てられない人の悲劇

他人に対する見栄のプライドを捨てられない人の極端な結果が、日本ではありえないはずの「餓死」です。

「恥ずかしい」「自分が落ちぶれたと思われたくない」という見栄が邪魔して、他人に助けを請うたり、国民の権利である生活保護の受給手続きを申し出られないために、自分自身すら守れなくなってしまうのです。

借金の返済に困窮して自殺する人も、同じ構造です。彼らはなぜか、国民の救済策である自己破産制度を利用しないで自ら命を絶ちます。

自己破産して困ることは、約7年間は借金できない、クレジットカードが作れない、特定の公的職業に就けないという程度で、ほとんど変わりない日常生活を送ることができます。官報には掲載されますが、ほとんどの人は見ていませんから、バレることもありません。

これもやはり、「自己破産なんて恥ずかしい」「周りに知られたらどうしよう」というプライドが邪魔しているから、自己破産より死を選ぶのではないでしょうか。

◉見栄のプライドを捨てるための3つの作戦

結論から言えば、自分に自信があれば、他人の心ない発言すら容易にスルーできます。しかし、そこまで自分に自信が持てない場合、プライドを捨てるのはなかなか難しいものがあります。そこで、3つの方法をご紹介します。

①「名より実を取れ」作戦

②「能ある鷹は爪を隠す」作戦

③「凡人に理解されるようになったら終わり」作戦

1は読んで字のごとし、「この局面で自分が本当にトクをするには、どういう行動が望ましいのか?」と考えることです。自分を利する行動を妨げる感情を押し殺し、理性で自分の利益を優先しようとするのです。

プライドを傷つけられてくやしい、という場合は2と3。

2は、あえて自分を下に置くことで、相手を油断させようという発想です。「おまえなんかにオレの実力は見せない」といったんガマンし、あとで逆転すればいいと考えるのです。自分の負けん気を刺激することができます。

3はいわゆる「上から目線」の考え方。「おまえのような凡人の存在は、自分の成功とはまったく関係ない。だから気にしない」「オレの価値はおまえにはわからない。おまえに理解されるようになったら終わりだ」と意識の中でだけ、考えるのです。

ちなみに私はネット上でコラムを書いたりしていることもあり、罵詈雑言の嵐となる、いわゆる「炎上」状態になることが少なくありません。しかしまったく気にならないのは、3の発想をしているからです。

「バカと議論すれば、両方ともバカに見える」ことがわかっているので、反論するほうが恥ずかしいと考えています。結果的に、炎上→応戦（ガソリン投入）→再炎上という無駄な時間とエネルギーを費やすことなく、完全無視することができます。

もし面と向かって批判されたら、「そんなに言うなら、あなたはいくら稼いでいるんですか？」と聞けばいいやと思っているので、ヘコんだりしてやる気を削がれることもありません。

傲慢に映るかもしれませんが、「自分にとって最も効用のある行動を生み出す」ための工夫として実践している方法です。もし「プライドを傷つけられた！」と感じたとき、試してみてはいかがでしょうか。

11

「いい人」を捨てる

捨てられない人

常に誰かの後ろを歩く人生になる。

捨てられた人

ふつうの人が気づけないバリューを見出せる。

誰からも好かれ、人間関係に波風を立てない「いい人」になりたいと思う人は多いでしょう。しかし現実には、「いい人」は成功から遠ざかります。

なぜ「いい人」が成功をつかめないかというと、他人との摩擦を恐れて、非常識なアイデアを打ち出したり、信念ある自己主張をしようとしないため、周りからの反対があると、打ち負けてしまうからです。

意見や主張や提案は、それが斬新で革新的なものであればあるほど、周囲の反発が起こるものです。それでもなお自分の意志を貫こうとすれば、周囲から「生意気なヤツだ」と言われます。

柳井正氏やスティーブ・ジョブズ氏のような著名な経営者の例を出すまでもなく、彼らはたいてい社内で怒鳴り散らしていたとか、わがままばかり言っていたとか、周囲を振り回しています。客観的には、とても「いい人」とは言えない。しかしだからこそ、成功をつかむのでしょう。

私が付き合いのある経営者は、「いい人とは仕事をしない。なぜなら、彼らは決断しないし、責任を取らないからだ」と口を揃えます。

自分で決断すれば、その責任を引き受けなければなりません。利害が反する人から反発を受けることもあります。でもいい人にはその覚悟がありませんから、決断を逃げ、責任を負うのを避けようとします。

誰とも摩擦をおこさない「いい人」を思い浮かべてみれば、さまざまな場面で、ただの傍観者であり、追随者でしかないことに気づくはずです。

◉「いい人」は他人から見て都合のいい人

人はみな自分の判断基準に照らしてものを見ていますから、そもそも客観的な基準で「いい人」「よくない人」が存在するわけではありません。

ムカつく上司に叱られたらよけい腹が立ちますが、尊敬する上司から叱られたら「自分を鍛えてくれる」と感じるように、相手によって判断基準は異なるものです。

では、その基準は何かというと、「自分にとっての都合」です。自分にとって都合が良ければいい人に映り、都合が悪ければそうでなくなります。

つまり、「いい人」と思われたいという人は、「他人の都合で生きたい」という人、つまり主体性のない人ということです。

自分の主張より他人の主張を優先させれば疲れます。自分の生き方より他人の生き方を優先させるということであり、つねに誰かの後ろを歩く人生になるのです。

◉「賛否両論を巻き起こす人」が時代を変える

私は、「いい人」よりも「変人」のほうが望ましい生き方だと考えています。

ここでいう変人とは、時代や事象に対して特殊なセンサーを持っている人、同じものを見ても他人とは違うものが見える人のことです。そして結果的に「賛否両論を引き起こす人」です。

好きな芸能人ランキングの上位に来る人は、嫌いな芸能人ランキングでも上位にランクインすることがあります。オンラインショッピングサイトでも、ベストセラーになる商品には、賛否含めてさまざまな意見のレビューがつきます。

人の心が揺れ動くアウトプットは、必ず否定的な意見が混じります。つまり「賛否

両論」を起こせる人が、人の心を揺さぶる価値が出せるということです。

ネガティブな反応を受けたとしても、それは特定の人に「刺さっている」ということですから、恐れる必要はなく、むしろ喜ぶべきことです。逆に万人に好かれようとすると、かえって誰の心にも残らない可能性があります。つまりここでも「いい人」はマイナスに作用します。

◉「変差値」の高い人になる

偏差値にとらわれている人は、学校基準の目線で生き方を考えている人。実社会で生きる強さを獲得するには、「変差値」を高めることです。ではどうすれば変差値の高い人になれるか。

1つのトレーニング方法は、大衆の価値観の逆を考えること。そしてもうひとつは、あたりまえだと思っていたことに疑問を抱く姿勢を持つことです。

みなが「正しい」と言うものを「正しくない」とする。みなが「間違っている」というものに「いや、正しい場面もあるのではないか」と考えてみる。そう結論づけてから、その理由を探るのです。考えるだけなら、あまのじゃくになっても実害はありません。思考のトレーニングです。

たとえば大安や仏滅といった「六曜」は、本家の中国では意味がないものとして、とうの昔に廃れているのに、日本人が律儀に信仰するする理由は何なのか。だったら仏滅に結婚式を上げてもいいのではないか。

受験勉強をして大学に進学しても、就職できない現実はなんなのか。だったらそういうルートじゃなく、中学を卒業したら起業家デビューという生き方でもいいんじゃないか……。

そうやってみなが当然だと思っていることと反対のことを考えてみる。それを探る思考の過程で、常人には見えないロジックや視点、バリュー、イノベーションのきっかけが生まれるのではないか、と私は考えています。

◉無礼な人間を黙らせる迎撃セリフを準備しておく

「いい人」のもうひとつの欠点は、ケンカができないことです。ケンカといっても暴力ではなく、言葉による反論や、訴訟などといった「大人のケンカ」のことです。

失礼なことを言われても反論できず、悶々とした思いを引きずります。そしてその不愉快な記憶を思い出すたびに、怒りと後悔という大きなストレスを抱えて過ごします。

どこの世界にも、慇懃無礼な人は一定数存在して、あなたの感情を逆なでします。そんな人のために、自分を犠牲にして関係を維持する必要はありません。なぜなら、彼らがあなたの成功に貢献する可能性は、ほぼゼロだからです。

それならば、距離や溝ができることを恐れず、どう思われるかも考えず、相手の無礼を退けたほうが、快適に暮らすことができるというものです。

そこで、失礼な発言に対する迎撃セリフをあらかじめ用意しましょう。いきなり切り返すのは難しいですから、シミュレーションして準備しておくのです。

上司「何やってんだよ！　ったく、おまえは使えねぇな」

もしあなたが繊細な人なら、こんな暴言を浴びせられ続けていては、うつになりかねません。バカ上司のために心身を壊しては意味がありませんから、たとえばこういう反論を用意しておきます。

あなた「結果については私に責任があります。しかしその言い方は失礼ですからやめていただけませんか」

上司「おまえがちゃんとやらないからだろうが！」

あなた「仕事の出来と言葉遣いは別問題でしょう。私が不出来だからといって、失礼な言い方をして良いことにはならないと思います」

上司「おまえがちゃんとやれば、好きこのんでこんなこと言わないんだよ！」

あなた「会社の中では上司部下の関係ですが、社会人としては対等です。言葉遣いを直してくださいと申し上げているだけです」

どうでしょうか。「そんなのムリ」と思った人も多いでしょう。

しかしあなたを不快にさせる人は、ほかの人も不快にさせているはずです。無礼な人間を撃退するのは、ひとつの社会貢献だと考えることです。

12

人脈づくりを捨てる

捨てられない人
結局、人脈ができない。

捨てられた人
必要な人脈が自然にできる。

人脈が重要なのは言うまでもありません。仕事もチャンスも、たいていは人がもたらしてくれるものだからです。また、困ったときに助けてくれる人がいることも、ありがたいものです。そのためか、人脈づくりに関する本は溢れていますし、毎日のように異業種交流会が行われています。

しかし私は、あえて人脈作りのためだけに時間とお金をかける必要はないと思っています。

私が起業したばかりのころ、相手が著名人だからとか、あるいは会社の規模が大きいからという理由で、無理に人間関係をつくろうとしたこともありました。

しかし最終的には、そうした人とは話が続かなかったり、お互いにメリットが見えなかったりして、次第に疎遠になっていきました。

その後、必死になって不動産事業に取り組んで売上が上がり、経営が波に乗ってくると、不動産関連の企業から取引したいという問合せが増えてきました。海外投資の情報を発信していると、知人や取引先から海外投資の専門家を紹介されるようになり

ました。書籍の仕事をしていると、出版関連の人との付き合いが増えました。

こうした自分の経験から、目の前のことに必死で取り組んでいれば、必要な人や情報が舞い込んでくるものだ、という1つの確信を得るようになりました。

逆に、中途半端になってしまっているビジネスからは、何ら紹介とかお誘いはありません。私がその分野で、世の中にインパクトを与えるほどの実績がないからだと思います。

私が知る年収1億円以上稼ぐ起業家も、「人脈づくりなんて意味がない」と言います。彼はもともと環境に恵まれていたわけではありません。仕事に邁進し実績を上げているうちに、業界内で目立つようになり、彼を見込んで周囲が協力するようになっただけ。彼の持っているノウハウや取引先・顧客リストに魅力を感じ、近寄ってくる人が増えたのです。

もちろん、そうしたつながりは「人脈」とは言えない、という意見もあるでしょう。

しかし、ボランティアで他人にチャンスや人を紹介してくれる人がいるでしょうか。

相手もメリットがあるからこそ、時間と手間をかけてあなたを助けたり、チャンスをもたらしたりしてくれるのです。

つまり、人脈ができないのは、人脈を作ろうとしていないからではなく、他人が「お知り合いになりたい」と感じるような実績を、まだあなたが出していないということ。あなたと知り合っても、具体的なメリットが感じられないからです。

◉相手に与えることから始める

人脈がほしいなら、まず実績を出すこと。実績がない段階では、自分が困ったときも、安易に他人に助けを求めるのではなく、むしろ困っている時こそ、その問題を解決する力を高めようと、もっと仕事に専念するのです。

苦しいときも、儲かっている時も、周囲に仕事を発注し続け、受けた仕事は必死にやる。サラリーマンであれば、他人の仕事を助け、手柄を上司や部下に譲る。

あなたと付き合うということは、自分の時間をあなたに投資するということ。リターンのない人と過ごすほどヒマな人は多くないでしょう。相手が一流の人材ならなおさら、人付き合いにも優先順位をつけるものです。

真剣にやっていなければ、深い業界情報を知らない。「なるほど」と思わせるノウハウを持っていない。そんな状態では、相手にとっても、時間のムダです。

「人格的に素晴らしい人」は他にいくらでもいるのですから、わざわざそんな人と時間をともにする理由がありません。

つまり、真剣に仕事に取り組んでいない人、成果が出せていない人は、どんなに交流会に行ってたくさんの人に会っても、人脈はできないということです。

◉人脈づくりをやめて成果にフォーカスする

ですから、人脈をつくるには、いったん「人脈づくり」を捨てて、目の前の仕事に取り組み、その仕事で成果を出すことです。

サラリーマンであれば、社外人脈ではなく、まずは社内人脈を大切にする。

たとえば営業部と商品開発部、設計部と製造部、本社と現場の間で仲が悪ければ、良い仕事になるはずがありません。しかし信頼関係があれば、多少は無茶な案件でも

「しょうがないなあ。キミの頼みだから今回だけだよ。」となりやすいでしょう。

直属の上司が自分を応援してくれなければ、自分の企画や要求は通りにくくなりますし、成果も出せないことになります。しかし上司との信頼関係があれば、「キミに任せる」となって、自由度が上がるでしょう。

社内の人との信頼関係を築く。それが仕事のしやすさにつながり、成果に結びつく。実績を上げ続ければ、自分でアピールするまでもなく、名前は社外にも少しずつ知れ渡っていきます。同業者の中で「あの会社の○○という人はヤリ手らしい」と名前が知られてくる。それが他業界にも伝わり、メディアが嗅ぎつける。そしていろんな人から声がかかり、人の輪が増えていく。

つまり、人脈づくりに励むことは、目の前にある本当に大事な仕事からの逃げでしかないということです。

13 「ギブ＆テイク」を捨てる

捨てられない人
失望や怒りを無駄に抱え込む。

捨てられた人
人間関係のストレスを軽減できる。

私たちを怒らせたり、不愉快にさせる大きな要因の1つに、「見返りを期待する気持ち」があります。

「あの人にこれだけ恩を売ってあげた」という自分の思いが強ければ強いほど、その見返りが得られなかったときの失望感も大きくなります。

◉相手を思い通りに動かそうとするからイライラする

「自分が挨拶したら相手も挨拶を返してくれるだろう」という期待があるから、そうでないと腹が立つ。いろいろ世話をしたら、いつか恩返しをしてくれるだろうという期待があるから、そうでないとき、「あんなに面倒を見てやったのに、礼儀知らずだ」と腹が立つ。

でも、所詮は他人です。自分の思い通りに行動してくれるとは限らない。むしろ思い通りにはならないことのほうが多いものです。

子どもに対する親の気持ちも同じです。

親が理想とする子どもに育ってほしいと願い、いろいろ買ってあげたり、教育の機

会を与えたり、遊びに連れていったりします。親の価値観に合う子どもに育つように、先回りして助言します。だからこそ、グレたり反抗したり、親の期待とは正反対のことをするからイライラする。

しかし子どもだって他人です。子どもには子どもの人格があり、適性があり、考え方があり、生き方がある。親の理想とは違ってあたりまえです。

◉すべてを「自分のため」にやるとうまくいく

だから、他人に何かをするときは、見返りを期待せずに、自分のためにやればいい。「してあげる」という意識を捨てて、自分がうれしいから、楽しいから、トクをするから、という理由で行動すればいい。

挨拶をするのは、相手のためじゃなく自分に元気を与えるため。部下を育てるのは、部下のためではなく自分がラクになるため。ボランティアをするのは、弱者のためではなく自分の奉仕精神を満足させるため。子どもに尽くすのは、将来世話してもらうためではなく、単に自分が楽しいから。

少しでも「自分のため」と思えなければ、やらない。奉仕しない、尽くさない、お金も貸さない。

こう書くと、なんだか性格の悪い人のような印象がありますが、見返りがほしいという気持ちを捨てると、自分のやることがすべて充実したものになります。相手の反応が気にならなくなり、平穏な感情を維持できます。

たとえば、2014年にふるさと納税が流行ったのは、故郷や地域のためだけではなく、自分のためにもなるからです。米や野菜などの特産品がもらえて、なおかつ2000円を超える金額は住民税の還付で戻ってくる（人によって上限が異なります）にもかかわらず、自治体にはお金が落ちて感謝されます。

ボランティアだって、道徳心よりも、自分のブランディングツールと捉える。活動の様子を写真に撮ってSNSやブログなどにアップすれば、「社会貢献に積極的な人」という印象を与えることができます。

そう考えれば、自分にメリットがあるので、他人に尽くすことが楽しくなります。それでいて周りから感謝されるのですから、見返りがなくてもOKというわけです。

モノと金

14

自己啓発書を捨てる。

捨てられない人
関係者のカモになる。

捨てられた人
本当に必要な実務書に出会える。

自己投資としての読書の中でも、いわゆる「自己啓発書」と呼ばれる本には、次のような利点があります。

「自分の思い込みや固定観念を打ち破ってくれる」
「新しい着想・視点が得られる」
「心が元気になる、やる気になる」

私自身、起業するまでは、無数の自己啓発書を読んでいました。私にとってはモチベーションの燃料のようなもので、むさぼるように読んでいた時期があります。

しかし、独立して会社を経営するようになり、自分の好きなことを仕事にしている今、執筆や講演の際の下調べなどで目を通す以外は、まったくといってよいほど自己啓発書を読まなくなりました。

「何かをやりたいけど、どうしていいかわからない」という時期は、自己啓発書に背中を押してもらうことも必要でしょう。行動するパワーが得られるなら、どんどん利用したほうがいい。

◉「自分が変わる」のは、行動に移したあと

でも、自己啓発書は、「何をどうやるか」までは教えてくれません。たとえばネットビジネスを始めたいと思ったら、関連した実務書を読むはず。本気でコミュニケーション能力を高めたいと思ったら、やはり専門的な書籍を手に取るはず。そこに自己啓発書が入り込む余地は少ないのです。

つまり、自分のやりたいこと、やるべきことが固まっている人には、自己啓発書を読む理由はないということです。

「自分を変える」ことをテーマにした自己啓発書は山ほどありますが、本当に自分が変わるのは、自己啓発書を卒業し、「実際に行動に移した時」なのですから。

もし書店を見回って自己啓発書を手に取りたくなったら、まだ自分の出すべき価値や方向性に迷いがある、ということ。**だから、具体的にスキルや能力を高めるための「実務書」へ欲求が向かうよう、自分が何にフォーカスすべきかを自問することです。**

本書も自己啓発書ですが、ニーズの異なる個々の読者の全員を満足させることはで

きません。

そして本書を読んだだけでは意味がなく、実際に「自分の中から捨てる」行為をして初めて、本書に投下したお金と時間を回収できる、ということを意識する必要があります。

◉自己啓発書には「きれいごと」が紛れ込んでいる

もう1つ、自己啓発書の中には「欠陥品」も多いということにも注意が必要です。

私はイベントなどで他の著者に会うことがあります。その中に、いわゆる「成功哲学」の本を書いている人がいたのですが、どう見ても「お金のニオイ」がしない。

あとでその人の著書を読んでみると、抽象的な表現や教訓めいたものがほとんどで、具体的な経験談がほとんど書かれていない。

本来、著者自身が体験したことなら、詳細な描写も含め、もっと「生々しさ」がにじみ出て、迫力が感じられるものです。それらがないということは、他の成功哲学本のエッセンスを寄せ集めただけ、という可能性があります。

そうした表面的な本を掴まされないためにも、著者のバックグラウンドを探り、本

当にその分野での実績があるのかを確認してみる必要があるでしょう。

そして、本は営利を追求する「商品」です。そのため、幅広い読者層に受け入れられ、炎上や批判を受けないよう、「きれいごと」が多く並んでいるケースが多いことも、割り引いて読む必要もあります。

実際、成功者と呼ばれている人でも、取引先との金銭トラブルを抱え、裁判で訴えられている人もいます。態度が横柄で自分勝手な人もたくさんいます。表面上は温和な社長でも、エグい猛烈営業をかけさせている場合もあります。

ビジネスはきれいごとだけでは勝てません。交渉は冷徹に、相手の足元を見たり、時には揚げ足をとったりもします。自分が有利になるよう、あるいは不利にならないよう、相手を追い詰め、力でねじ伏せることが必要な場面もあります。

従業員にも厳しく、解雇も厭わない。だから元従業員から就職情報サイトに悪口を書き込まれる。理不尽なクレーマーとはバッサリとやりとりを打ち切ることもある。だから2ちゃんねるには悪評スレッドが立つ。

私も会社を経営してきた立場なのでわかるのですが、事業が拡大すれば善悪含めていろんな人との接触が増え、トラブルは避けられないものです。こうした過程で、成功者と呼ばれている人は、必然的に「アンチ」が存在するようになります。

◉賢い人のカモになってはいけない

しかし、経営者が書く自己啓発書には、そういうことはあまり書かれていません。「きれいごと」を鵜呑みにすると、前述した「いい人」になって、本当に賢い人に出し抜かれてしまいます。

人は誰でも過去を美化して思い出にする傾向があり、それは自己啓発書の著者も同じです。だからどうしてもキレイ事や理想論になりやすい。

しかし、本当にやるべきことは、その人が今やっていることを真似るのではなく、成功者になっていく発展途上でやっていたことを真似ることのはずです。

行間を補う想像力が欠如している人や、自分の価値観にしがみつく人は、そうした部分に思いを馳せることができません。結局そういう人は、著者や出版社が販売・主催する商材やセミナーなどのカモになり、ただお金を失うだけになってしまいます。

◉他人の思考をなぞるだけでは思考停止する

この世には、ファイナンシャル・インテリジェンスがないばかりに、高学歴でも貧乏な人は山ほどいます。同様に、リーディング・インテリジェンスがないばかりに、博識な「おバカさん」も山ほどいます。

こういうことはないでしょうか。

- **ノウハウを求めて買ったのに、具体的な方法が書いていないと不満に感じた**
- **新しい情報や新しい知識が書いてあるのを見つけるとうれしい**
- **共感できず、「買って損した」と感じる本が多い**
- **本は結構読む方だが、とくに年収も貯蓄も増えていない**

このような人は、本を読めば読むほどますます頭が悪くなります。ショーペンハウアーが『読書について』（光文社）の中で「読書とは、著者の思考をなぞっているだけだ」と書いた通り、ただ字面を追っているだけで、自分の頭で考えないからです。

旅行を例に考えてみましょう。

パックツアーを利用する場合、たとえばイタリアに行けば、ガイドブックに載っているトレビの泉を見て、「これがトレビの泉か」と確認し、記念写真を撮って帰ってきます。つまりそれは、他人がなぞった「イタリア」を自分もなぞるだけ。行く前に想像していたイタリアと、実際に行ってみたイタリアはまったく同じ、ただの「確認旅行」です。

読書も同様に、気をつけなければ「確認読書」になってしまいます。

自分が納得できるところを再確認する。自分の考えと同じ主張を見つけて安心する。自分が思っていることを著者が代弁してくれて満足する。そんな本が「良い本」として売れる傾向にあります。

確かにそんな本は小気味よく、安心して読むことができ、読後感も心地いい。しかしそれだけでは、本から学ぶことには限界があります。

◉思考をリストラクチャーする読み方をする

では、自己啓発書を読むときには、どういう読み方が必要か。**端的に言うと、本から得た情報を自分の中に取り込んで実践し、軌道修正してさらに繰り返し実践し、再現性のあるノウハウとして身体に染みこませることです。**

私たちは同じ状況に遭遇しても、感情によって思考は左右され、思考によって判断が変わり、行動が変わります。その行動の積み重ねが自分の人生を決めている。

だから、状況に直面したときの感じ方や思考を変えるような読み方をしなければ、何百冊、何千冊読んだとしても、行動が変わらず結果も変わらないことになります。

本代に何百万円、読書に何百時間費やしたとしても、です。

つまり自己啓発書から得る必要があるのは、「自分に置き換えて考えること」「今の自分が持っていない望ましい思考習慣を手に入れること」ではないでしょうか。

もちろん、湧き起こってしまう感情は仕方ありません。ですから、その後の思考を「意識して変える」ことが必要です。

本に書いてある内容を「共感できる・できない」など浅い評論で終えるのではなく、

情報を自分の脳にくぐらせ、それまでの固定観念や先入観、既存の枠組みを破壊し再構築し、より付加価値のあるアウトプットができる思考体系をつくる。つまり、思考を「リストラクチャー（再構築）する」という姿勢を持った読み方が必要です。

自己啓発書のベストセラー、『夢をかなえるゾウ』（水野敬也・著／飛鳥新社）の中で、こんなセリフが出てきます。

「今まで、自分なりに考えて生きてきて、それで結果出せへんから、こういう状況になってるんとちゃうの？」

「成功しないための一番重要な要素はな、『人の言うことを聞かない』や。そんなもん、当たり前やろ。成功するような自分に変わりたいと思とって、でも今までずっと変われへんかったちゅうことは、それはつまり、『自分の考え方にしがみついとる』ちゅうことやんか」

15

物欲を捨てる

捨てられない人
まったくお金が貯まらない。

捨てられた人
気がつけばお金が貯まっている。

「欲しいから買う」というのは自然な消費行動のように見えますが、この発想ではお金が減っていく一方です。こういう人は、何に使ったのかわからないけど、なぜか給料日前にはお金がない、ということになりがちです。

私たちは、何かの効用を得るためにお金を払います。お金を持っているだけではただ安心を得られるだけで、とくに私たちの生活が変わるわけではありません。

つまり、どのようにお金を使うかで、自分の環境が変わり、経験が変わり、生き方が変わるということ。ですから、「欲しい」という気持ちをどのようにコントロールし、何にお金を分配するかで、私たちの人生は大きく変わると言えるでしょう。

そこで、「欲しい」という感情をコントロールする方法を2つご紹介します。

①自己の変革のためにお金を使う

まず、お金を払う前に、「それを買うことで、自分にどういうメリットがあるか」「その出費は、自分にどんな価値をもたらしてくれるか」を、いったん立ち止まって考えてみることです。

モノと金

たとえば、「新しいスマートフォンが欲しい」と思ったとき、「新製品がかっこいいから」「便利で使いやすそうだから」という理由だけで購入すると、ただ「快適」「うれしい」だけで、とくに何かが変わるということはありません。

しかし、たとえばスマートフォンの便利な使い方や解説書を電子書籍にして売ろうという場合、自分の収入アップにつながるので、それは立派な投資となります。

「新しい服がほしい」と思ったとき、「来週のデートに着て行くため」という目的がある場合、その相手と付き合ったり、あるいは結婚につながるかもしれないとなれば、あなたの人生を変えるイベントになる可能性があります。これは新しい服を買う大きなメリットがあると言えるでしょう。

しかし、「同じ服を着ていると思われるのがイヤだ」「いまの服に飽きた」という理由で買っても、ただの自己満足です。日常生活に何らの変化ももたらさない。

そんなことをいちいち考えると、買うべきものはそう簡単に見つからないと気づくはずです。

もちろん、自己満足のために新機種のスマートフォンや新しい服を買うことが悪いわけではありません。そういう生き方を否定もしません。

しかし「自分が満足すればそれでいい」という発想では、際限なく欲しいものが増え、お金が貯まりにくい体質であると言えるでしょう。

②お金を使う「軸」を持つ

もっと根本的な判断軸をもっておくと、無駄遣いを劇的に減らすことができます。

それは、「自分が目指す状態に近づくために、あるいは幸せになるために、お金をどこに振り向けるのがもっともパフォーマンスが高いか」を決めておくことです。

私の場合は、「ビジネスと資産運用」にお金を投じることでより成功に近づき、「経験と健康」にお金を使うことで、より幸せになると考えています。

ですから、不動産を買うためには数千万円を躊躇なく使えますし、1回20万円の海外視察旅行に頻繁に行きます。ウェブサイトの更新は毎月業者にお金を払ってやっていますし、本代は毎月5万円を下りません。

知人や取引先との関係をつくり、深め、維持するために、飲食代をおごって招待することもよくあります。健康のため、食材の安全には気を使い、ちょっと値段は高いですが国産の有機野菜を買っています。

一方、私服にほとんどお金を使うことがなく、数年に1回、破れたり毛玉になって着られなくなって買い替える程度。それもユニクロかジーユーで買います。妻からは「ダサい」と言われますが、私服で自分をアピールしても、私にはメリットがないからです。

一方で、スーツはオーダーメードで良い物を買います。講演やイベントなど人前に出る機会があり、そうした場での身だしなみは、清潔感や信頼感につながるからです。

つまり、「欲しい」という衝動が生まれたときは、自分なりの合理的な評価法をつねに発動し、それでも納得できるときにようやく財布を開くようにする。そうすれば、「欲しい」という感情を捨てられ、無理せずお金が貯まるようになります。そしてすべての出費に納得感を得られ、ひいては満足できる生き方に変わると考えています。

16 節約・貯金志向を捨てる

捨てられない人

人生の縮小均衡を招く。

捨てられた人

深く豊かな人生を得られる。

お金を貯めても、ただ貯めるだけでは安心材料以外の意味がありません。

「車に乗らなければガソリン代の節約ができる」のは当然ですが、乗らないクルマにいったいどんな存在意義があるでしょうか。

何十万円もしたコートを「もったいないから」「汚れたら困るから」とほとんど着ないとしたら、そのコートは持っていないのと同じです。

そして、それはお金にも同じことが言えます。本書を書いている2014年、消費税が8％、10％に増税されることを契機に、家計防衛ムードが広がっています。

もちろん、備えとしての貯金は必要です。貯蓄の多さは安心感となって、経済的な不安を軽減させてくれる効果があります。そのためか、世の中には「節約」「貯蓄」に関する情報があふれています。

しかし、「お金は貯金するもの」という発想は、「お金に執着している人」特有のものです。お金を手放したくないから、使うのではなく手元に保管したいと考えます。

100億円の資産がある人が、リーマン・ショックで99億円を失って自殺したという話を聞いたことがあります。手元にまだ1億円も残っているのに、失ったものの大きさに絶望するのは、お金に執着しているからです。

節約貯蓄思考の問題点は、自分へ先行投資する、という発想になりにくいことです。楽しいことや自分を成長させることよりも、貯めることが目的になってしまうのです。**そして、そういう人に限って「自分へのご褒美」と称して、どうでもいいものを衝動買いしてしまったり、信じられない投資詐欺話に手を出したりする傾向があります。**

お金を使って人生を豊かにするという経験が少ないため、そういった商品・サービスを見抜く目が養われない。だからストレスの解消方法として買い物を選んでしまう。貯めることに奔走し、お金を増やす仕組みに疎いため、合理的な投資と詐欺話との区別がつかないのです。

◉3000万円を遺して死ぬ日本人

日本人は、平均して約3000万円の貯金を残して死ぬそうです。それは何を意味するかというと、3000万の貯蓄と引き換えに、それを使って得られたはずのさまざまな経験をすることなくこの世を去っているということです。資産を子孫に相続させたい人はともかく、これはとてももったいないことではないでしょうか。

人生を楽しむ方法は、いったいいくらかかるものか、少し考えてみましょう。

次ページをご覧ください。これだけでもわずか合計１５３５万円に過ぎず、３０００万円の貯蓄があるとしたら、まだ半分も残っています。

日本一周どころか世界一周旅行だってできる額ですから、人生を楽しむことを先送りしたまま終わっていく人がとても多いということです。

人生の終盤を迎えて死の床につくとき、人が最も後悔するのは、やったことに対してではなく、やらなかったことに対してだそうです。

お金はただの道具。貯金が趣味という人は別として、貯めたお金で何をするかという目的があって初めて、貯金が合理的な行動になるのです。

今、積み重ねている貯金が、自分や家族の人生を本当に豊かにするのかどうか、振り返ってみることも必要なのではないでしょうか。

モノと金

カフェバーの開業費用（10坪程度）：約700万円
日本一周旅行の費用：約40万円
世界一周旅行の費用：約300万円
アメリカの大学への留学費用：約300万円／年
書籍の自費出版費用：約100万円
自分主催のパーティー：約40万円／50人
自分のホームページ制作費用：約30万円／20ページ
株式会社設立費用：約25万円

合計1535万円

17 写真や手帳を捨てる

捨てられない人

ゴミに家賃を払うことになる。

捨てられた人

過去の出来事が前向きなパワーに変わる。

私は「思い出」をほとんど捨てています。たとえば子どもの頃の写真はほとんど捨てました。思い出作りとして一生懸命撮影してくれた両親には申し訳ないのですが、記憶がない場面の写真を見ても、私個人としては感慨がないのです。役に立ったのは、自分の結婚式で自己紹介ビデオを作ったときくらいでしょうか。

旅先で写真を撮るということも少なく、自分のブログやフェイスブックに載せるため、あるいはセミナーなどで使う素材として撮るくらいです。あとは、離れて住む自分の両親に、子どもの姿を見せてあげるときとか。

年賀状や手紙の類も全部捨てています。

もちろん、「懐かしい」とか「そういえばあんなときもあったな」いう感情は湧きますが、それで自分の行動が何か良い方向に変わるわけではなく、見ることで何か前向きな力が生まれるわけではないからです。

◉保管すると煩わしくなる

手帳も、過去のものはすべて捨ててしまいます。昔の予定を見ても、何かうれしくなることは起きないからです。

仕事上で「あの人と前回会ったのはいつだったか」という記録が必要な人もいるでしょう。しかし私はそうした状況に直面する仕事はしていないので、必要ないのです。


人からもらった名刺はいったんキャビネットの中に保管していますが、1年に1度くらいの頻度で、顔も思い出せなくなった人の名刺は捨てています。

本当に必要な人は、名刺交換をした直後にメールし合ったり、フェイスブックでつながったりしますから、まったく問題はありません。

ただしメールだけは、容量無制限のWebメールを使うようになってから、削除せずそのまま保存するようになりました。

メールは証拠能力があるため、仕事でトラブルになったときの防衛手段となるからです。とはいえ基本的には何もないので、やはり見返すことはありません。

◉過去より現在と未来にフォーカスする

もちろん、これは多分に個人の価値観の問題ですから、思い出を残すことを否定しているわけではありません。あくまでも私個人の考え方ですから、あなたは違っても当然です。

しかし少なくとも、過去を振り返って思い出に浸るとか、昔を懐かしむという行為は、一種の現実逃避行動であり生産性はない、というのが私の考えです。

「そんな考え方、なんか寂しくない？」と感じるかもしれませんが、過去を捨てると2つのメリットがあります。それは、「身軽になる」ことと、「現在と未来にフォーカスできる」ということです。

保管するものが減れば、物理的に必要な場所が少なくなります。デジタルデータにすれば場所をとりませんが、ハードディスクも数年で壊れますし、USBメモリやSDカードも磁気の影響でデータが失われるリスクがあります。

クラウドストレージサービスは、提供している企業の都合で終了されることがありますから、データのバックアップや移し替えの負担があります。しかし、データそのものの量が少なければ、こうした手間も少なくなり、精神的にも身軽です。

そして**「現在と未来にフォーカスする」**とは、**過去を振り返るよりも、現在と未来を良くしようと努めることが、結局は過去のあり方も良くすると考えています。**

晩節を汚せば、かつてどんなに素晴らしいことをしていたとしても、「どうせ以前から悪どいことをしていたんだろう」と思われ、すべてがブチ壊しになります。

反対に、過去がどんなにみじめで暗いものであったとしても、あとで名声を得られたら、「あのときの苦労があったから、今のあなたがあるんですね」というプラスの評価に変わります。

今から未来にかけての取り組みが、過去の意味すら変えていくのです。そう考えれば、昔を振り返って懐かしがっているヒマなどありません。

仕事術

18 タイムマネジメントを捨てる

捨てられない人
忙しいことで満足する。

捨てられた人
成果を追求できる。

私自身は「タイムマネジメントは不要」という考えを持っており、たとえば「手帳術」なるものにも興味がありません。その理由は2つあります。

1つは、物理的な時間は変わらないので、マネジメントすべきなのは時間ではなく、むしろ「自分の動き方」だと考えているからです。

重視しているのは、いかに効率よく時間を使うか、詰め込むか、ということよりも、同じ時間を使って効果効用が最大になるように自分の動き方を最適化させること、つまり行動マネジメントです。

◉成果にフォーカスした動き方を意識する

たとえば私は、午前中にはできる限り会議や打ち合わせなどの予定は入れないようにしています。私にとってもっとも集中力があるのは午前中であり、そこで重要な仕事に専念したほうが、より良いアウトプットができるからです。

そして人と会うのは午後。打合せなどは集中力があまりなくてもできますし、郵便物を出したり請求書をつくったりという雑務も、あまり考えずにできることなので、すべて午後に回しています。メールの返信も急ぎのもの以外は後回しです。

集中できる時間に重要な仕事をあて、集中力が切れた時間には集中力がなくてもできる仕事をあてる。時間よりも成果を重視した動き方です。

また、外出の予定はなるべく特定の日にまとめ、予定が何もない空白の日を増やすようにしています。

外出は徒歩の時間・信号待ち・電車の待ち時間・外出先での待ち時間など、細切れ時間が発生しやすいので、費やした時間の割には成果が減ります。

「そろそろ約束の時間だから、○○時には外出の準備をしなければ」などと考える必要がまったくない日は、自分の仕事に集中できます。

手帳が真っ白の日は、時間も何も気にしないで、アウトプットに専念します。私の場合、本やコラム、メルマガの原稿を書いたり、ウェブサイトの構成を考えたり、新しい事業の進め方を考えたり、ネットで情報収集したりしています。

「どうすれば最高の成果が得られるか」を最優先した動き方を考え、1日の自分の動き方を組み立てる。そうすることで、「忙しいのに結果が出ない」という状況を避け、最高のパフォーマンスを発揮しやすい環境ができると考えています。

◉無駄な時間を捨てる

私たちは、結構どうでもいいことで時間を費やしています。

何の結論も出ない生産性のない会議。何のアクションにもつながらない愚痴が繰り広げられる飲み会。井戸端会議と化したママ友とのおしゃべり。自己満足のＳＮＳへの投稿。特に必要でもないスタンプやメールのやりとり。何の役にも立たない情報ばかりのゴシップ番組。次の日にはトップニュースすら忘れている新聞購読……。

「なんとなく」という習慣になっていることの中から、自分に本当に必要な時間を峻別し、不要だと判断できるものは、すっぱり捨ててしまいましょう。

さらに、自分が弱気になる時間をやめる。あとでむなしくなる時間をやめる。自己嫌悪や後悔する時間をやめる。

その代わり、自信につながる時間、幸福を感じられる時間をつくっていくのです。できる限り、そうした時間で１日を埋めていく。

全部がそうならなくても、そうやって意識し考え工夫していくことが、結局は充実した1日につながるのではないでしょうか。

◉手帳に書かれるのは「他人との約束」

タイムマネジメントが不要だと思う2つ目の理由は、これは観念的な捉え方ですが、スケジュールというものはたいてい「他人との約束」に過ぎず、本当に重要なのは、「自分は何をすべきか」「どういう人物になるか」「どういう人生を組み立てるか」という、「自分との約束」だと考えているためです。

自分の手帳を見ると、他人との約束、他人から依頼された仕事の締切などが中心で、予定の備忘録がメインになっているでしょう。そこに「自分は自分自身の成功のために、いつまでに何をやるのか」は書かれていないと思います。

もちろん仕事である以上、他人との約束は重要です。プライベートでも友人知人を大切にすることを否定しているわけではありません。

しかし、自分で仕事をつくらなければ、他人がつくった仕事をやらされてしまいま

す。自分のアクションプランを描かなければ、他人の夢の達成のために自分の時間が使われてしまいます。

あなたが自ら提案し新しい仕事を創らなければ、会社や上司がとってきた仕事をやらされるだけ。あなたが友人知人の誘いに乗ってただ飲みに行くだけでは、彼らの不満のはけ口として利用されるだけ。

だから、他人との約束を守るためだけのタイムマネジメントはできるだけ減らしていき、自分が理想とする人生を実現するための、自分との約束を果たす行動マネジメントを重視したいものです。

19 顧客志向を捨てる

捨てられない人

大胆な発想から遠ざかる。

捨てられた人

世の中をひっくり返すアイデアが出る。

マーケットイン（※1）という考え方は、ビジネスにおいて必須とされています。私も、ある程度はその通りだと思います。しかしヒット商品は、反対のプロダクトアウト（※2）から生まれることが多いのも事実です。

※1　消費者のニーズを最優先して、商品・サービスを企画・開発する手法
※2　商品開発・生産・販売活動を行なう上で、企業側の都合（論理や思想、感性・思い入れ、技術など）を優先する手法のこと

かつては「こういうモノが欲しい」という人々のニーズは明確でしたが、モノが行き渡り、日常生活に困らなくなった現代では、ニーズはハッキリとは現われません。顧客に何が欲しいかを聞いても、ハッキリした反応がないどころか、まともに声を聞くと、とんでもない過ちを犯すことになってしまいかねません。

◉リサーチではわからないニーズがある

私がコンビニに勤めていたとき、新商品開発のモニター調査に立ち会ったことがあります。そのとき「この値段だったら買う」とモニターが大絶賛した商品があったのですが、結果は惨敗。全然売れず、すぐに棚から撤去されました。

調査という特殊な環境で単一商品だけを評価するときの印象と、実際の売り場でほかの商品との比較の中で、さらに自分のお金を使って選ぼうとするときの判断では、かなり乖離があるのだなと感じたものです。

考えてみれば当然です。調査やヒアリングで何が売れるのかがわかるなら、市場調査を請け負う会社はすべてのビジネスを独占できるはず。そんな会社はありませんから、マーケットリサーチをしたところで、確実に売れるかどうかはわからない。

もちろん、市場調査や顧客の声を聞くことは意味がないということではありません。どのように調査すれば顧客の潜在的なニーズを探ることができるか、その調査方法を相当練らなければならないということです。

かといって、とにかく機能をてんこ盛りにするような、日本の電機メーカーに見られるガラパゴス的な商品開発や、「これが儲かるんじゃないか」的な独りよがりのプロダクトアウトも通用しないわけで、ここに私たちビジネスパーソンの悩ましさがあります。

◉「ハートイン・プロダクトアウト」の商品作り

そこで私は、商品開発の1つのありかたとして、「ハートイン・プロダクトアウト」というものを提唱しています。これは、「開発者が猛烈に欲しいというものを商品化する」、というものです。

多くのヒット商品は、開発者の熱い想いが込められています。その猛烈な情熱が、顧客をして「そうそう、そういうものが欲しかったんだ」と言わしめる需要の創造につながったのでしょう。

有名な「地下鉄乗り換えマップ」を作った、株式会社ナビットの社長である福井泰代氏もその一人です。

夏の暑い日のこと。子どもをベビーカーに乗せて出かけていたところ、乗り換えで地下鉄の中を歩いているうちに疲れ果ててしまったという経験から、「乗り換えに近い場所が前もってわかれば便利なのではないか」と考えたのです。

そして彼女は週末ごとに、夫に子どもを預け、都内の地下鉄駅を自力で調査しました。２００以上もの駅にあるエスカレーターやエレベーター、トイレなどの位置、別路線への乗り換えに便利な車両はどこかをメモしまくる日々。

そうしてできた莫大な記録を企画書として50社以上をまわり、ついに出版物への採用へとこぎ着けたのです。

◉自分が強烈にほしいものの後ろには、同じ思いの人が大勢いる

私自身も、顧客志向ではなく、自分志向です。自分が欲しいものを作る、を信条としています。

小さな改善ももちろん大切ですが、市場をひっくり返すのは、10人中10人が「いいんじゃない？」という商品ではなく、10人中９人が「いらない」と言っても、１人が涙を流して欲しがるような商品ではないでしょうか。

自分ではいいアイデアだと思ったけれども、周りの反応が散々だった場合、たいて

いの人があきらめてしまうでしょう。しかし、たった一人でも夢中にさせられるなら、それは売れる可能性があり、市場に出してみる価値があると思います。

むしろ全員から「いいんじゃない」と言われた時のほうが要注意です。それは誰もが理解できる、常識の範囲内を出ていない。つまり陳腐なものである可能性がある。それに、全員がいいと思うということは、みなが思いつきやすいことですから、すでに誰かがやっている可能性の方が高い。

ニーズは探すのではなく、創造する。その方法のひとつは、自分が強烈に欲しいと感じるものを探すこと、つまり自分の内面を探ることです。

20

「問題解決思考」を捨てる

捨てられない人

やらなきゃいけない問題が増える。

捨てられた人

本当に大切な問題の解決に集中できる。

「問題解決」という言葉がすっかりビジネスの世界に浸透していますが、私たちの日常においても、多くの問題が起こっています。そのとき、どう対応するか、つまり、どう問題解決を図るかで、私たちの人生は大きく変わります。

たとえば、「朝起きて歯磨きをしようとしたら、歯磨き粉がなかった」という場合、どんな方法で解決するか。「塩で磨く」「急いでコンビニに買いに行く」「会社に行く途中で買ってトイレで磨く」「ガムで代用する」。あるいは「歯磨きしないで会社に行く」という選択肢もあるでしょう。

あるいは、「朝一番からクライアントの会社でプレゼンがある。しかしクライアント先に着いたら資料を忘れていた」という場合ではどうでしょうか。「会社に電話して誰か別の人に持ってきてもらう」「開始時間を遅らせてもらい取りに戻る」「覚えている情報のみでプレゼンする」「日を改めてもらう」。このように、複数の解決法が考えられます。

こうした問題を未然に防いだり、早期に解決したりできれば、心の安定を保てる。

損することを防ぎ利益を得るチャンスとなります。そう考えれば、問題解決力をつけることは、より望ましい人生につながる、と言えます。

つまり「問題解決力」とは、ビジネスだけでなく人生全体においても「より幸せになるための思考と行動」と言えるでしょう。

そんな問題解決のアプローチは、一般的に3つのパターンがあります。

①「発生する問題解決」
②「発見する問題解決」
③「創造する問題解決」

1つめの「発生する問題解決」は、起こった問題を解決する、というものです。一般的な「問題解決」とは、これをイメージする人が多いでしょう。病気になったら医者にかかり治療してもらう、というパターンです。とはいえこれは、いわばトラブル対応の対症療法であり、場当たり的と言い換えることもできます。

2つめの「発見する問題解決」とは、問題の芽を見つけ、その問題が表面化しないように事前策を講じることです。問題が問題として顕在化する前に手を打てれば、問題にならないので問題解決は不要です。健康に気をつけ、医者にかからずに済むようにしておく、というものです。

3つめの「創造する問題解決」とは、自分で問題を探して取り組むことです。誰から言われるわけでもなく、自分の弱点を自分で特定し克服する、あるいは自分の長所を見極めて伸ばす、といった行動です。運動不足という自分の課題を設定し、プログラムを作って運動する、というようなものです。

◉最強の問題解決手法は、「問題を問題視しない」こと

以上の3つが一般的な問題解決の考え方ですが、本書では第4のアプローチを紹介したいと思います。

非常に単純なのですが「問題を問題だと認識しない」というものです。他人が「それは問題だ」と言っても、自分が問題視しなければ、解決する必要がなくなります。

たとえば「自分はぽっちゃり型で、健康診断を受けたらメタボ認定された」という場合。日本の医療の常識から考えると、ダイエットしたほうが良い、となるでしょう。しかし「ぽっちゃりタイプのほうが長生きする」というデータがあります。コレステロールが悪いというのは間違っているという説もあります。また、ちょっと太った人を好む人もいたりするわけです。

そうやって自らの頭で考え、自分の中に合理的な理由があれば、「ぽっちゃり」を気にする必要はない、という判断になることがあります。その瞬間、「メタボ」という問題は問題でなくなり、問題解決も不要となります。

何が言いたいかというと、他人が提示した問題を、自分で考えずして「解決しなきゃいけない」と思い込まない、ということです。自分が本質的に重要に感じられないことは、他人がどう言おうと、できる限り無視するということです。

社会の幸福とは、結局は社会の構成員である私たち一人ひとりが幸福になることで成り立ちます。だから、まずはあなたやあなたの家族が幸福になるために、乗り越えるべき問題にこそ集中するほうが、建設的で合理的ではないでしょうか。

21
情報を捨てる

捨てられない人　情報に踊らされる。

捨てられた人　思考力が高まる。

現代は、何かが起こった瞬間にネットメディアに取り上げられ、それが瞬時に広がって世界中でシェアされます。情報はどんどん上書きされ、つい1時間前の情報すら古くなっていきます。

一方で、新聞や雑誌の記事、ニュースの報道などはネット上にアーカイブされ、いつでもアクセスできるようになっています。

そのため、かつての情報収集術や情報管理術で提唱されたような記事の切り抜きや保管などは、ほとんど意味を成さなくなりつつあります。

ある情報が必要になったらその都度集中的に集め、用が終わったら手元には残さないという、情報の消耗品的な使い方が、現代に合っていると言えるでしょう。

自宅やオフィスに保存すべき情報というのは極めて少なくなり、身軽な生活を享受できるようになりました。

そんな時代だからこそ、「情報を捨てる」という発想が重要になると私は感じています。

◉考えるために情報収集をやめる

私は1971年生まれですが、子どもの頃は、もっぱら「原っぱ」で遊んでいました。小学校に入ってしばらくしてやっと、テレビゲームが登場し、室内で遊ぶことが増えたように記憶しています。

今では、物心ついた頃からパソコンやスマートフォンが身近にあります。自分で工夫しなくても、十分に楽しく遊べる環境があります。

情報収集も便利になり、ネットで検索すれば、たいていのことは知ることができる。ノウハウもあふれている。もはや自分で考えなくても、「答え」を探すことができる時代になりました。

すると、ネット上にある情報を、都市伝説レベルのあやしい情報すら、事実だと思い込んでしまう人がでてきます。

情報とは本来、考えるための材料です。集めた情報から何を見出すか、何を発信するか、そしてどう行動すべきか、その指針を導き出すために情報があります。

しかし情報が氾濫する現代は、考える力のある人に対して有意義な武器を与える一方で、考える力のない人の能力をますます奪う、知性を極端に二極化する時代であると言えます。

◉「3Dプリンターで拳銃を作った人が逮捕」というニュースから何を読むか?

以前、3Dプリンターで殺傷能力のある拳銃をつくった人が逮捕された、というニュースが流れました。その報道を受けて、「3Dプリンターの弊害」とか、「3Dデータダウンロードへの規制が必要だ」とか、ネガティブな報道が一気に流れました。

そうした雰囲気の一方で私は、ビジネス環境が激変し、個人の競争力がさらに強化されるだろうという期待感でワクワクしました。

3Dプリンターとは、紙に印刷する2次元のプリントではなく、立体造形物を作ることができる装置です。

すでに製造や建築・医療現場で活用され始めていますが、本体価格は10万円を切っており、個人でも手が出せる値段になっています。携帯電話のように普及し、一人1台となる日が来るかもしれません。

それで何が起こるかというと、個人がものづくりに参入できるということです。私たちが日曜大工レベルで作ったものが、巨大なビジネスになる可能性を秘めています。作ったものをネットオークションで販売する。海外の旅行者に人気の食品サンプルなども、自分で作った料理をスキャンして造形し、色を塗ってイーベイに出品して売ることができる。確かに他人の造形物のコピーデータの違法ダウンロードなど、音楽・映像の著作権と同じような問題は起こるでしょう。しかし個人のビジネスのあり方を変える可能性があるわけです。

しかし、前述したネガティブ報道だけを見ていては、こうした３Ｄプリンタの可能性について思いを巡らせることはないでしょう。

ある程度情報を集めたら、いったん新しい情報を集めるのをやめて、それで何かできないかを考える。自分なりの仮説を立てる。行動して検証する。発表する。

考え、発信する行為を伴わないインプットは、結局は「何も知らなかった」のと同じことです。私たちは、アウトプットしたものでしか評価されないのですから。

22

残業ゼロを捨てる

捨てられない人

50代以後、収入が下がる。

捨てられた人

仕事の地力が高まる。

「残業ゼロ」や「ノー残業」を実践して、「ワークライフバランス」を実現すべきだ、という主張はメディアに溢れています。確かに、そういう働き方は理想的です。短時間で業務を処理することには賛成です。仕事を短時間で終わらせるに越したことはありませんし、就業時間というデッドラインを意識することで、生産性も高まるでしょう。しかし、それはあくまで付加価値の低い「作業」レベルの話です。本来の「仕事」とは、それにプラスアルファが必要です。

たとえば、明日訪問予定の営業先があるとします。効率的な人は、訪問先のホームページをザッと見て、過去に同じ業種・業態で使った提案書を若干修正し、最後に地図をプリントアウトしてカバンに入れ、準備ＯＫとするでしょう。

でも、この程度は、誰でもやることです。

成長する人はさらに踏み込んで、顧客企業もしくは担当者が抱えているであろう課題に関する仮説を立て、質問を準備し、その解決策を考えておきます。そして商談の現場で、「こういう課題でお困りではありませんか？」と投げかける。

すると顧客は、「この人は他と違う」「この人に任せれば良いものができそうだ」と感じてくれるかもしれません。

そのためには当然ながら、業界誌や資料を読み込んで課題を抽出し、成功事例などを調べておく必要があります。

しかも、顧客はその業界のプロですから、たいていの情報は知っています。だから彼らが知らない情報でなければ、逆に「そんなの知っているよ」となるので、「他業界の事例も調べておこう」と考えるはず。

ではこうした準備が、果たして「残業ゼロ」でできるものでしょうか。

◉残業ゼロを提唱しているのは経営者か「元モーレツ社員」

そもそも、残業ゼロを提唱しているのは誰で、どんな立場の人なのでしょうか。

少し調べればわかりますが、たいていは経営者です。経営者からすれば、残業はコストです。うつや過労死、優秀な社員が辞める原因にもなりますから、ひとつの経営リスクでもあります。そのため、とくに大企業や上場企業の経営者は、なんとか残業を減らそうとします。

つまり私たちとは立場が違う人の主張なのです。自分の個人としての成長という観点から考えたとき、残業ゼロは本当に望ましいことなのかどうかは別問題です。鵜呑みにするのではなく、あくまで自分に照らして考える必要があります。

もう1つ、たとえば著名な経済評論家の勝間和代氏などのように、**「残業ゼロ」とは、猛烈に働いて実力を高めたのちに、仕事とプライベートのバランスをコントロールできる生活を手に入れた人の働き方です。**そういう現実があることを踏まえて解釈しなければ、本質を見誤ってしまうことになります。

◉私が猛烈に働いた時期の話

私が最初の職場を追われるように辞めたとき、「自分は能力が低い」ということに打ちのめされました。そこで次の職場からは、「2年間は人間らしい生活を捨てる環境に身を置いて、仕事に没頭する」と決めました。多くのビジネススクールは2年制だから、2年がんばれば成果が出るんじゃないか、という発想です。

「次の職場」とは、コンビニです。最初の仕事は店舗勤務でした。

7時に店舗に行き、22時より前には家に帰らない。土曜も祝祭日も働き、休みは週1日。残業代も休日出勤代も会社で認められた分しか申請せず、自己研鑽の期間と割り切る。

1年後はスーパーバイザーという店舗の指導をする職種に移りましたが、そこでも同じ。営業車で直行直帰のスタイルで残業の概念がないので、早朝から深夜まで動き回る。空いた時間は競合店を見て、休みの日は新しくオープンした商業施設を視察。

◉家に帰ったら、本当に何もしない

家では休息することがすべてと割り切って、家事は徹底的に手を抜く。十分な睡眠こそが仕事の質・量を左右するから、睡眠時間は削らない。夜は11時に寝て、朝は6時に起きれば7時間は確保できる。

テレビも見ないしネットサーフィンもしない。掃除も自炊もしない。部屋が汚くても、ホコリで死ぬことはない。3食とも店舗の事務所でコンビニ弁当だけど、一生続けるわけじゃない。

一人暮らしだから洗濯をしなければならないけど、下着もワイシャツもスーツも6

着分そろえ、バスタオルも多めに買っておき、日曜日にまとめて洗濯する。これで平日は洗濯から開放される。

家に帰って15分後には寝て、起きたらシャワーだけを浴び、30分以内で仕事に行く。プライベートなことは何もできないけど、何もしないと割り切る。

そして3年後、全国のスーパーバイザー150人の中から、優秀社員として表彰されるまでになりました。

◉異常を「普通」にしていくことで見えてくることがある

29歳で転職した経営コンサルティングの会社では、自ら望まなくても、異常な環境を強いられました。

仕事が終わるのは深夜2時か3時で、ほぼ毎日タクシー帰り。休みはなく、1年のうち360日は仕事。飲み会も歓送迎会など重要なもの以外はほとんど断わり、遊びにも行かない（というか行けない）。仕事に必要なこと以外の読書や学習は一切手を出さない（というか、出せない）。人間らしい生活を捨てて（というか、捨てざるを得ない）、そんな働き方が3年間続きました。

「そんなの無理」と感じるかもしれませんが、人間は慣れる動物です。最初は確かにしんどいですが、１か月もすれば普通になります。異常な生活も、毎日続けば日常になります。

もちろん、それぞれ環境は違います。うつや過労死になる水準も人それぞれなので、全員に当てはまるわけでもありません。それでも、ありきたりの毎日を、ありきたりじゃないように過ごす。そしてそれをありきたりにしていく。そして私はようやく、かつてのみじめな感覚から抜け出すことができました。

◉20代～30代前半は、土台を作る時期

仮にあなたが20代なら、これから40年間は稼ぎ続ける必要があります。残業ゼロを続けた先に、40年後もお金を稼げる実力がついているでしょうか。

いまやビジネスの競争相手は日本人同士だけではなく、新興国も含めグローバルに広がっています。中国人や韓国人のトップ層は、昼夜問わず猛烈に働いています。

日本人同士の働き方だけを比較したり、労働法で与えられた権利を主張するのは、個人の成長という観点から見た時、本当に有効なのでしょうか。

高い山の裾野が広いように、地下深く土台を掘ることで高い建物ができるように、若い時期は、余暇や収入よりも土台作りにフォーカスしたほうが、成長の余地が広がると私は考えています。

そう考えれば、所詮は会社や法律が定めた「就業時間」という枠に、律儀に自分の生き方を合わせる必要はないはずです。

もちろん、子育てを重視すべき時期がありますし、いつか親の介護が必要になるときも来るでしょう。無理しすぎて身体を壊してはいけませんから、ときには思い切って休む勇気も必要です。

そうしたことも含め、自分の働き方は自分で決める。自分の能力の高め方も自分で決める。そうした自己責任での判断において生き方を決める。それが自分の人生のハンドルを自分で握るということです。

23

完璧主義を捨てる

捨てられない人　ストレスまみれの人生になる。

捨てられた人　挑戦できる体質になる。

多くの先人が主張する通り、「完璧主義」も、捨てたい習慣のひとつです。医療行為など、完璧を追求しなければならない分野もありますが、私たちの日常生活では、完璧主義が逆に世界を狭く、ストレスフルなものにします。

完璧主義のデメリットは、たとえば次のようなものが挙げられます。

①アクションが遅れる
②変化に対応しにくい
③精神的に疲れる
④他人に不満を感じやすい

①アクションが遅れる

完璧な準備ができてから動こうとしていると、どうしても行動は遅れます。

たとえば学生の頃の受験勉強。合格ラインに達していなくても、とりあえず「模擬試験」を受ければ、どんな問題が出されどんな時間配分が必要かが体感できます。

会場はどんな雰囲気で、自分がどんな精神状態になるかがわかる。だから次の模試や本番では、もっとうまくできるようになる。場数が多ければ多いほど、それだけ本番で平常心を保てる。

これはビジネスでも同じことで、完璧なプランだと思っても、顧客の反応や市場の変化によって、必ず軌道修正を迫られます。

私がかつて失敗した事業のひとつに「投資物件検索サイト」があります。当初は壮大なビジョンを掲げ、ウェブ制作会社との要件定義（システムの機能設計）の打ち合わせに半年以上の時間を費やし、多額の資金を投入しました。

しかし、いざリリースしてみると、競合のサービスも進化し顧客のニーズも変化しており、まったく売れない。テコ入れをしようとしても、最初からガッチリとシステムを組んでしまったせいで、修正にも膨大なコストがかかってしまうため、資金が足りない。つまり身動きがとれなくなってしまったのです。

そうならないために、6割から7割くらいの完成度でもとりあえずやってみる。サービスを開始してみることです。その結果、顧客からの反応があり、意見をもらえます。まったく反応がなかったとしても、それも1つの反応です。

「次はここを改善すればもっと良い反応があるだろう」「うまくいったからもっと改良しよう」そうやって試行錯誤して、どんどん進化させていくことができます。

②変化に対応しにくい

念入りに時間をかけて仕上げたプレゼン資料を上司に見せたとき、大きなダメ出しや根本的な修正を迫られることがあります。

すると、それまで費やした時間と作業がムダになります。「最初に言えよ……」と、一気にモチベーションも下がるでしょう。

こうした事態を回避するためには、とりあえず細部には目をつむり、スピード重視で全体のストーリーや構成をつくった段階で上司に見せることです。

すると、もし上司のイメージと違っていれば、早い段階でフィードバックを受けることができ、手戻りや作業のムダを防ぐことができます。

そこで、とりあえず粗い状態でも、「いったん最後まで終わらせる」ことです。

たとえば企画書やレポートなどは、最初から「3回やり直すもの」というイメージで取り組むと、結果的に完成度の高いものをつくることができます。

1回目は、怒られない程度の粗さで最後までザッと終える。そして上司のフィードバックを受けて、修正する。そして最後に自分が納得するレベルまで細部を詰める。早い段階で「一応全体像はできている」という安心感があると、それ以降は中身のブラッシュアップに専念できます。早く終わらせればその分、中身を確認したり、修正する時間の余裕ができます。

そうして、最初から「完璧」を狙わないことで、結果的にはクオリティの高いものになる、というのが自分の経験から得た教訓です。

③精神的に疲れる

完璧主義の人は、ストレスをためやすい傾向があります。

よきビジネスウーマンであり、よき妻であり、よき母であらねばならない、と考えると、時間的にも精神的にも自分を追い込み、疲弊してしまいます。

でも、「テキトーでいいや」と割り切った瞬間、いろんな強制力や圧力や義務感から解放され、毎日がとてもラクになります。

そんな「テキトー思考」になるには、「あるべき論」を捨てることです。「こうあるべき」「こうあらねばならない」という発想が自分を縛るので、それを捨てる。

そのために、「そのあるべき論を外れたら、どんな困ったことが起こるか？」をイメージしてみることです。

たとえば家の掃除をサボった。でも人間はホコリでは死なない。洗濯をサボった。でも昨日の服にコロンをシュッと吹いてごまかすことができる。

教育をサボった。でも熱心に育てても、子どもが疲れてバーンアウトすることもあれば、ダメ親を反面教師にしっかりした子どもになったりすることもあるから、あれこれ先回りしてレールを敷くのが正しいとは限らない。

ちょっと無理矢理っぽいと感じるかも知れません。でも、そう考えることで、「そういうのもアリ」と自分を許せるようになります。

④他人に不満を感じやすい

完璧主義のもう１つの弊害は、他人に対しても完璧を求めるようになることです。

自分が完璧だから相手も完璧であるべきだ、という発想になりがちです。

それが他人に対する不寛容さを生み、イライラの原因になります。「なんでこんなこともできないの！」と他人を叱り飛ばすような人です。

完璧主義を強要されるのは気分が良くないですから、「いちいちうるさい人」と敬遠されるようになります。職場で孤立しやすい人には、こういうタイプも多いのです。

人は不完全だし、社会も不完全です。もちろん自分だって不完全。世の中のすべてが不完全で発展途上で改善余地にあふれていると捉えれば、他人の不完全さを受け入れ、許せるようになります。すると、他人の言動にいちいち腹を立てたり、イライラすることも減り、感情的に穏やかな生活を送ることができます。

働き方

24

「自社基準」の評価を捨てる

捨てられない人
他社・他業界で通用しない。

捨てられた人
ポータブルな能力が開発される。

数多くのビジネスパーソンと交流する中で、どんどん昇進していく人と、まったく成長が見られない人には、やはり共通点があると感じます。

その1つが、「会社からの評価を重んじるかどうか」です。優秀な人ほど「人事考課の基準を知らない」と言います。どうすれば会社から評価されるかを知らないというのです。

会社からの評価を気にしていると、顧客に親切でないことでも正当化されます。しかし、会社からの評価を捨てると、「顧客にどう対応することが長期的な利益につながるか」だけに知恵を集中することができます。

つまり、自分がどんなバリューを出すべきかが明確になるということです。

あなたがリフォーム会社の営業マンだとします。たくさんの案件を取ること、単価の高い仕事を取ることは、人事考課やボーナス査定を考えれば当然のことです。だから、顧客の家を訪問したとき、「ここ、ちょっと傷んでますね。早めに修理したほうがいいですよ」と、やらなくてもいい工事まで見積りに入れようとします。

しかし私が知っている会社で、最終的に会社から評価されたのは、「ここ、ちょっと古くなってますが、まだ直さなくて大丈夫ですね。もし不具合が出ましたら、ご連絡ください」という営業をしていた人です。

修理の必要がないと業者のほうから言い出し、見積もりだけであっさりと帰る姿勢は、顧客にとって「本当に顧客のためを思っているのだな」と映ります。

人間はそんな良心には応えたくなるもので、本当に修理が必要になれば、まず間違いなくその営業担当者に依頼します。そして周囲の人に、「あの業者は親切で良い」という評判を広げてくれるでしょう。

実際そのリフォーム会社は、地域一番店として地元の信頼を集め、大手すら入り込めないほどの営業基盤を築いています。

◉顧客のことだけを考えると、結局会社から評価される

あるいはホテルのフロント係の仕事。宿泊客がチェックインしようとしたとき、その客の名前で予約がなかったとしたら、あなたはどう対応するでしょうか。

「お客様のお名前では、ご予約は承っていないようですが」と答えると、その顧客は、「いや、予約したはずです」と異議を唱えるかもしれません。

そこで予約台帳をもう一度確認したけれど、やはり見当たらない。「申し訳ございません。やはりお名前は見当たりません」と答える。「おかしいな。確かにネットで予約したのに。この確認メールをみてくださいよ……あっ、月を間違えていた！」。つまり、間違えていたのは顧客だったとします。

その顧客はバツが悪い思いをするでしょう。フロント係のあなたは「ふふん、それ見ろ。私が間違えるはずはないだろう」と自尊心は満たされるかもしれません。

しかし、自分の正しさを証明した代償として、将来の顧客を一人失うことになりかねない、ということがわかるでしょうか。本当に優秀なフロント係は、予約台帳の再確認をして名前が見当たらなかったとしても、次のような対応をします。

「申し訳ございません。私どもの手違いかもしれません。すぐにお部屋をご用意させていただきますので、少々お待ちくださいますでしょうか」

「どうすれば利益になるか」「どうすればリピーターになってもらえるか」「どうすれば顧客と信頼関係を築けるか」という、ビジネス本来の目的にフォーカスしたとき、いったいどういう対応が必要なのか。そう考えれば、顧客と自分のどちらが正しいかを議論することは、まったく意味がないことがわかります。

会社の目的は利益ですが、それ以上に経営陣は社会からの評判を気にしています。評判はブランドだからです。そのため会社は、ファンをたくさんもっている社員を手放すことはできません。

私が人を雇う立場ゆえにわかるのですが、顧客からお礼の手紙が来るようなスタッフは会社の誇りですし、他の従業員にも良い影響を与えます。だから手放すことができません。往々にして、そのようなスタッフは独立してしまうのですが……。

逆に、独立するほどの力がない人ほど、会社からの評価を気にし、顧客をないがしろにしてでも売上目標など会社の指示に忠実です。そして悲しいかな、組織ぐるみの不正というのも、そういう人がやる傾向があるのです。

結局、「顧客に喜ばれるにはどうすればよいか」を考え続ける人だけが、最終的には会社からも評価されるのです。

25 キャリアアップ志向を捨てる

捨てられない人
しんどい人生まっしぐら。

捨てられた人
満足度の高い職業人生になる。

突然ですが、私の経歴を簡単にご紹介します。

大学時代は公認会計士に憧れ、日商簿記検定1級を取得。しかし日本の会計士試験には合格できず、米国公認会計士試験になんとか合格。しかし、大学卒業時はどこにも就職が決まらずフリーターに。半年後、やっと会計事務所に就職できたものの、その会計事務所でミスを連発し、わずか1年でクビ同然で辞職。

次はコンビニエンスストアの本部に転職。店長・スーパーバイザーを経て、優秀社員賞を受賞。本部の企画スタッフに抜擢される。それなりに評価されつつも、行き詰まった感があり、再び転職を決意。

その次に移った経営コンサルティングファームでは、超ハードな生活に疲弊し、仕事のペースを落としても生活できるように不動産投資を開始。

不動産投資が軌道に乗ったことから会社を辞め、当時意気投合した不動産会社の社員と一緒にネット広告代理店を起業。しかしあまり儲からず、パートナーとも考え方のすれ違いが増え、その会社を譲渡。

新たに不動産仲介会社を立ち上げ、それなりの規模になったものの、組織のマネジメントが面倒になり会社を分社化。一人会社となり、不動産仲介事業から撤退。最近では保険代理店やフィリピン英語留学の代理店、英語リトミックスクールなど、自分の興味のある事業を展開。

振り返ってみると、私の人生はリセットボタンの連続でした。数年おきに、それまでのキャリア・経験を捨て、新しい環境、新しい業種・業界に飛び込んでいます。そして、それが今の私をつくっています。

◉捨てないかぎり新しい挑戦はできない

もちろん、1つの分野を追究し続けることも大切だと思います。しかし、今の場所にとどまることは、他の分野にチャレンジする機会を捨てているとも言えます。

自分のキャリアの変遷を振り返って良かったと感じていることは、まず、同じ職場・同じ職業をやっていたら気づけなかったはずの能力が身についたということです。

コンビニ業界に入り、仮説検証という仕事のやり方が私のベースとなりました。コンサル業界に入り、ロジカルにものごとを考えられるようになりました。これらの能力は、私のその後の人生において貴重な財産となっています。

そしてこれらは、転職したからこそ身についたと思っています（もちろん、転職しなければしないなりの人生もあったとは思いますが）。

また、新しい能力を獲得したことで、また別の挑戦をしたときに、それまでとは考え方・動き方・働き方も変わりました。たとえば仮説検証のスタイルが身についたことで、新しいことへの挑戦にビビることなく、「とりあえずやってみる」姿勢が身につきました。

論理的な思考ができるようになったおかげで、投資でコンスタントに利益を出せるようになり、こうして何冊もの本を書かせていただけるようになりました。

短期間での転職を否定する人もいますが、一概に悪いわけではないと思います。

重要なことは、より理想的な人生をイメージし、そこに向かおうとすること。一つひとつの経験を自分のものとし、自分のやりたいことや、自分の適性の方向性を考え、

よりベターな（と思われる）道の選択を続けることではないでしょうか。

その過程で転職や離職があるのは、ごく自然なことだと私は考えます。

◉キャリアにはアップもダウンもない

「面白いと思えることを仕事にしたほうがいい」と私が主張する理由の一つは、やはり働くのが楽しくなるからです。自分がやりたいことをやって、お客様に感謝され、お金までいただけるならば、こんなに楽しいことはありません。

仕事とは本来楽しいもののはず。だからもし、日々の仕事がつまらないとしたら、何かが間違っている。業界なのか、会社なのか、同僚なのか、自分の心の持ちようなのか、何かを間違えているということです。

「キャリアアップ」という言葉はよく使われますが、私自身はキャリアにはアップもダウンもなく、「幸せなキャリア」と「そうでないキャリア」のどちらかだと考えています。一般的には、収入や社会的地位が上がることがキャリアアップだと言われますが、本当でしょうか。たとえば本書の最後から2ページ目にある私のプロフィールをご覧ください。

傍から見れば、華麗なキャリアアップだと思われるかもしれません。しかし、前出の通り、サラリーマンの最後の4年間は、平日はほぼタクシー帰りで土日もなく、家族と過ごす時間もなかなかとれない状況でした。

◉逃げたっていい

私が最初の会計事務所を辞めたのは、うつ寸前になったからです。入社してすぐに計算ミスや入力ミスを繰り返し、「何やってんだ！」と怒鳴られ、詰められる日々。もちろん私が悪いのですが、どう注意してやっても、同じようなミスがなくならない。毎日罵倒され、居酒屋に呼び出されては説教。そんな自分を同僚は敬遠するようになり、孤立し、冗談すら言えない雰囲気になりました。

ストレスで朝も起きられなくなり、その結果遅刻し、また怒られる。食欲もなくなり、ランチにも行けないからますます孤立する。

「ダメだ。もう辞めよう……」。そう決意したのは、入社して1年にも満たない時期でした。しかし、そうなると気持ちも入らず、ますますミスが増えます。耐えかねた社長や上司に呼び出され、「おまえ、どうするんだ！」と詰め寄られたとき、「はい……辞めます……」と心なく答えるしかありませんでした。

こうして私は逃げるように辞めました。いわゆる負け犬です。しかし、心身を壊したら元も子もありません。命と身体が何より大事ですから、健康や最低限の自尊心を守るためには、逃げたっていいんだ、と吹っ切れた出来事でした。

昨今は、ブラック企業だとか、うつや過労死という問題も起こっていますが、個人としては、そうなる前に、辞めて逃げてしまえばいい。

◉自分を変革できる職場か？

会計事務所を逃げ出し、コンビニに転職できたことは、私の大きな転機となりました。がむしゃらに働いたおかげで入社3年目には年間優秀社員賞を受賞できるほどになり、そのままコンビニにとどまっていれば、おそらく昇進・昇格し、それなりの地位になれたかもしれません。

しかし当時29歳。職業人生はあと30年以上もあるから、もっともっと自分の土台を広く深く掘らなければならない。つまり、成長したいという欲求が強かった。

それには、より難易度の高い仕事を経験する必要がある。より優秀な人たちと切磋琢磨する必要がある。

そう考え、私は戦略コンサルティングファームに転職することになりました。それは「より自分を変革させてくれる環境」がそこにあると判断したからです。

そして34歳のとき、経営コンサルタントとしてのキャリアを捨て、独立起業しました。その後も、会社を作っては売却したり、潰したりしてきましたが、捨てることになんの抵抗感も恐怖心もありません。

聖域を設けず、その時々で最も合理的と思える判断をしていく中で、捨てれば捨てるほど新たなチャンスがやってくる、ということを実感しています。

もちろん安易な逃げや他力本願では何も改善しませんが、冷静に自分の性格と現在の環境を考えたとき、今のキャリアがベストな選択なのか。「自分の人生が楽しくなるかどうか」という基準で、もう一度考えてみてはいかがでしょうか。

26 アーリーリタイアを捨てる

捨てられない人

結局、リタイアできない。

捨てられた人

一生好きなことをして過ごせる。

働くのはしんどいから、できる限り早くリタイアしたい、という人は少なくないと思います。何を隠そう、私が不動産投資をするきっかけになったのも、実はそれが動機でした。

家賃収入だけで生活できる状態になった２００４年、ついに勤めていた会社を辞め、しばらくブラブラしていました。しかし、「自由だ！」とはしゃいでいたのは、２か月くらいのものでした。すぐに退屈と不安に堪えきれなくなり、不動産投資を通じて知り合った人と共同で会社を立ち上げ、広告代理店業を始めました。

その後も不動産仲介会社をつくったり、紆余曲折ありつつも、ずっと個人投資家兼起業家として仕事をしています。

何もしないというのは、想像以上に退屈です。そしてそれ以上に、何も価値を出さない自分の未来、何も成長しない自分の未来は、ただ頭脳が衰えていくだけ、ということに恐怖を感じました。

これまでの社会人経験は何だったのか。外資コンサルでの経験は何だったのか。ビジネスや投資の経験は何だったのか。それらを活かしてレベルアップするどころか、一線から退いて、経験が古びて時代遅れになっていくだけの自分。刺激の少ない日々で脳のシワがツルツルになっていく感覚。

こんな自分の姿を見て、両親はどう思うだろうか。自分の子どもはどう思うだろうか……。そして後ろから、20代30代の若手起業家が驚異的なスピードで追い上げ、自分を追い越していく。いくらお金があっても、時間があっても、こんな恐ろしいことはないと感じたのです。

◉ビジネスで成功した人が再びビジネスに戻る理由

私の知人の話です。

20代の時につくった会社が大当たりし、30代でその会社を大手企業に売却、一気に数十億円を手にしました。彼は「これでやっと楽になれる」と、ハワイに移住してサーフィンやゴルフ三昧のリタイア生活を謳歌していました。

しかし彼は、結局1年も経たないうちに日本に帰ってきて、新しい会社を立ち上げ、再び多忙な生活に戻ったのです。

彼曰く、「遊びは所詮遊び。ゴルフやサーフィンもプロを目指すとか、何か目標がなければすぐに飽きる。趣味や娯楽は、結局人生の柱にはなり得なかった」と。
そしてこうも言いました。「日々の仕事があってこそ週末が充実するのだし、普段が忙しいからこそ趣味や余暇を心から楽しめる。それに、人と関わり人に感謝される活動をしないということが、どれほど疎外感と物足りなさを感じるか、痛感した」。

◉アーリーリタイアはただの「手段」

何を言いたいかというと、アーリーリタイヤとは、ただ隠居して社会から離れることではなく、自分が本当にやりたいことをやるための環境づくりの手段に過ぎないということです。

これはすなわち、仕事が趣味になる、趣味が仕事になることを意味します。すると、本当に毎日が楽しくなります。お金をもらえば「それ以上の価値を提供しよう」と、さらにモチベーションも高まります。

私はよく「午堂さんは資産も収入もあるのに、なんでそんなに働いているんですか？」と聞かれることがありますが、私は決まって「こんなに楽しいことをなんでやめなきゃいけないんですか？」と答えます。

自分が好きなことをやって、感謝されて、お金までもらえる。やめる理由が見当たらないということはおわかりいただけると思います。

おそらく先ほどの質問をする人は、本質的に仕事が楽しくないと考えているのだと思います。そういう人がアーリーリタイヤを目指しても、実際にはできないでしょう。**なぜなら、仕事で本気で問題解決に取り組めない人は、アーリーリタイヤを実現するための方法も行動も思いつかないからです。**

「本当にやりたいことがある」という人が行動したとき、頭脳がフル発動し、資産形成や複収入源の道が見えてきます。そうして好きなことをして生きる環境を手に入れられるのだと思います。

27

成功体験を捨てる

捨てられない人
ウザいオヤジになる。

捨てられた人
あらゆる経験を
「いいとこ取り」できる。

過去の成功体験を捨てるべき理由は簡単で、時代遅れの発想に縛られると、環境変化に自分を対応させることができなくなるからです。

酒に酔うと過去の武勇伝を語りだす人など、過去の栄光にすがる人はこのタイプで、「そんなに能力あるなら、いま成果を出せよ」という突っ込みが入りそうです。

以前、こんなことがありました。商品先物取引会社には、かつてトップ営業マンとして君臨し、そのまま社長になったというケースがよく見られます。

インターネットがなかったかつての顧客開拓はテレアポ営業が主流でしたから、トップ営業マンの実績はテレアポで培ってきたものがほとんど。

しかし近年、商品先物取引業界はテレアポが規制されるようになりました。以前から少しずつ厳しくなっており、テレアポ営業はいずれできなくなることは、業界の人間なら誰もが気づいていたことです。

そこで、いくつかの企業はセミナー営業に切り替え、セミナーに来た顧客に許可をもらって営業する方針に切り替えていました。あるいは、先物取引そのものを縮小し、現物のゴールドやプラチナを販売する方向に舵を切って生き残りをはかろうとした会社もあります。

一方、テレアポ営業に固執し続けた会社は、新規開拓の道を閉ざされて打開策が見出せず、廃業したり、営業マンの大量解雇や他社に吸収されてしまいました。そうして、10年前と比べ、商品先物会社の7割は消滅していきました。

◉体験から「応用できる部分」だけを抜き出す

ここで言う「成功体験を捨てる」というのは、すべて忘れろということではありません。成功体験に縛られ、その方法に「しがみつくな」ということです。

機械的にどの場面にも当てはめようとするのではなく、過去の成功体験の要素を抽出し、知恵や教訓に変換していくことが大切です。

そうすれば、どういう場面でなら過去の方法が使え、どういう場面でなら修正すれば使えるか、あるいは使えないか、ということがわかります。

たとえば家を売るにはどうすればいいか。情報化の時代、かつてのような訪問販売は通用しないですから、ネットでの資料請求、新聞折込チラシでのモデルルーム来場などを促し、そこから商談が始まる、というのが昨今の主流です。

しかし、未だに訪問販売が通用する商品・業界があります。たとえば墓石。墓石は必需品ではありませんから、ほとんどの人には、あえて買ったり買い換えたりする理由がありません。

墓石のような生活には必須でない商品、しかも高額な商品の場合、顧客自身が「なぜそれを買うのか」という購入動機に気づく必要があります。しかし広告やDMでは、そもそも関心がないからスルーされてしまいます。ウェブサイトだって、関心がなければ検索すらされません。

しかし、訪問して説明することで、「そう言われてみれば、田舎の墓ももう古い。高齢の両親のために新調するか」とか、「よそと比べて立派な墓に入りたい」といったニーズを掘り起こせる可能性が出てきます。

また、とくに高額品になれば、「誰から買うか」という点が重視されます。

最初は御用聞きのようなものでも、何度も訪れて顔を売り込み信頼を築けば、その信頼関係に基づいて商品も売れます。「○○さんはとってもいい人で、あの人が奨めてくれたものだから」という動機で買う人は多いものです。

そうやって、商品の特性やら、顧客ニーズがどこにあり、それはどういう方法で喚起できるのか、といった知恵や教訓に落としこむことで、使える場面と使えない場面を峻別できるようになります。

しかし、「以前はこの方法でうまくいったから」「この方法はダメだったから」「自分はこの方法が得意だから」「苦手だから」「伝統的な方法だから」「こういうものだ」と旧来の方法にしがみつくと、別の方法が受け入れられない。新しい方法、もっと効果のある方法が採用できなくなります。

そうしたこだわりを捨てることで、やったことのない方法を考えられるようになる。違う方法を試そうという動機になる。それが、自分の引き出しを増やすことになり、進化につながるのです。

28

「忍耐」を捨てる

捨てられない人

無駄な努力が増える。

捨てられた人

「やりたいことを実現する方法」が見つかる。

かつての日本には「忍耐こそ美徳」という文化がありました。今でも多少はあるでしょう。人生の先輩たちからの、「耐えろ」とか「そんなことも我慢できないのか」などというお説教も珍しくありません。

しかしこれからは、忍耐が必要のない社会になりつつあると感じます。夜討ち朝駆けで営業しろとか、ノルマが達成できるまで帰ってくるな、といったパワハラまがいの理不尽や不満にも耐えるのが仕事、という時代は過ぎ去りつつあります。

それは、単に社会の風潮といった変化によるものだけではなく、社会インフラの変化による影響が強いと感じています。

◉実力があれば、イヤな職場やキライな人と仕事しなくて済む時代

今や、ブログやメールマガジンで自分の主張を書いて生計を立てる人が大勢います。ネット上に自分のイラストや写真、動画などをアップし販売することもできます。

自分の商品・サービスをリリースすることも簡単にできる時代になりました。たとえばヤフーにネットショップを開業するのは無料。オンライン決済サービスを使えば、誰でも会員型ビジネスが可能。「おしえる・まなべる」などのマッチングサイトを使

えば、誰でも「講師」になってビジネスができる。

大企業も積極的に個人と取引するところが増えましたし、株式会社は25万円程度でつくれます。

ＳＮＳの普及によって、日本だけでなく、世界中のプロフェッショナルに声をかけて、人を雇わなくてもチームを編成し、大きな仕事ができるようになりました。

シェアオフィスやレンタルオフィスも充実し、各種クラウドサービスが提供され、極めてローコストで事業運営が可能です。

もちろん、付加価値を出せなければ生き残れない厳しさはあります。しかし、本当に好きなことだけを仕事にして、イヤな仕事はしない、イヤな人とは付き合わないということが可能な時代になっているのです。

◉忍耐を押し付けてくるのは、挑戦しない人

もしいま自分が「ガマンしている」と感じているとすれば、その状態にどういう意味があるのか、ガマンしたあとで得られるメリットはそんなに大きいのか、ガマンし

たあとにどんな明るい未来が訪れるのかを考えてみましょう。

そして、「自分にとって価値なし」と思うならば、自己責任であっさりと捨てればいい。極端な話、入社1週間でも辞めてもいい。肝心なのは、「自分にとって意味があるかどうか」なのですから。

もちろん、世の中には考え方も価値観も違う人がいますし、取引や商談も相手があることですから、思い通りにならないことは多いでしょう。相手に合わせたり、自分の主張を引っ込める場面は避けられません。これは起業しても同じことです。

しかしそれは、「忍耐というよりも、ビジネスを円滑に進めるための問題解決手段としての前向きな妥協です。理不尽なことに「耐え忍ぶ」こととは意味が違います。

とはいえ、次のような反論が返ってくるかもしれません。

「簡単に投げ出してはいけない」

「甘やかすと、根気のないダメな若者が増える」

「誰もが好き放題に生きれば、社会が成り立たない」

「今の会社でうまくいかないヤツが、ほかに行ってもうまくいくはずがない」

もしそんなことを言う人がいたら、その人がどれほどの人物なのかを確認してみましょう。たいていの場合、本人が転職したこともないとか、転職してうまくいった人の知り合いがいないなど、そういう世界を知らないだけ。

挑戦したことがない人や、自分の環境を変革させる勇気のない人ほど、自分の生き方を正当化し、自分の考える人生観とは違う意見に反発します。

これからの時代は、「あきらめなくてはならないこと」がどんどん減っていくことがわかる。やろうと思えば何でもできる環境になっていることがわかる。「できないこと」も、たいてい解決方法が存在することがわかる。

その環境をフル活用すれば、忍耐は限りなく少なくできる。忍耐を捨てれば、より自由で楽しい人生を送ることができます。

「つまんねえな」と思いながら日々を過ごすことは、人生の無駄遣いですから。

29 二元論を捨てる

捨てられない人　思考が停止する。

捨てられた人　自分の判断に根拠と自信をもてる。

私は講演などで「赤信号は渡ってもいい」と言うことがあります。たいてい「エッ！」と驚かれます。

道路交通法の第七条では、「歩行者は信号機に従わなければならない」と定められています。しかし、その道路交通法の本来の目的は、第一条に記されている「危険を防止し」「交通の安全と円滑を図り」「交通に起因する障害を防止するため」です。

ということは、道路における安全が阻害されず、交通の秩序が乱されなければ、赤信号を渡ってはいけない、とは言えないはず。たとえば右を見ても左を見ても地平線の彼方まで車などの走行物が見えない。でも目の前の信号は赤、という状況です。

以前、そんな話をコラム記事としてネット上に公開したところ、「屁理屈だ」とか「犯罪者になれというのか」という批判が書き込まれました。

私がこの主張に込めた真意はこうです。

「なぜそのルールや法律があるのか」という本質を理解しなければ、ルールに従うことが目的になる。すると、ルールを作った人に操作され、不利な条件・不利な立場に追いやられる可能性がある。就業規則がその典型例で、企業に有利にできている。

決断力を上げる！ 決断が早い人は尊敬できる！

しかしルールは最大公約数でつくられるので、現実にそぐわない場面も出てくる。技術の進化や時代の変化などによって昔のルールが現実にそぐわない、あるいはイノベーションの邪魔になることもある。

だからこそ、ルールに盲目的に従おうとするのではなく、ルールの「本質」を考え、時にはルールを疑い、ルールを破る必要もある。

そこで、誰でもイメージできるわかりやすいたとえ話として、「赤信号でも渡っていい」という主張をしたのです。

もちろん私は「犯罪者になれ」などという主張しているわけではありませんから、批判した人が曲解し、極論に走った書き込みです。

ではなぜ、そういう反応が出てくるかというと、彼らの中に「善か悪か」、「白か黒か」、「賛成か反対か」という判断軸しかないからです。

このような極端な二元論は、あちこちで見られます。

「郵政民営化に賛成しない者はすべて抵抗勢力」「アダルト情報は子どもに見せるな」「はだしのゲンは学校の図書館から排除すべき」「新興宗教団体はすべて悪」「グ

ローバル思考かそれ以外か」……など。

現実には、二元論的に白黒をはっきり決められることよりも、どちらとも判断のつかないグレーなことのほうが多いものです。

ビジネスの現場では特に、A案とB案のどちらが良いかという短絡的な話ではなく、両方の良い部分を組み合わせて第3の案を導き出す場面があるはずです。交渉や問題解決でも、双方の言い分を受け入れて、落とし所を探すでしょう。

◉二元論は思考停止の証

グレーの状態とは、自分で考えてアイデアを出したり、想像して行間を補ったりする必要があります。そのためには、感情を排し、自分の価値観は脇において、客観的な視点で考えなければなりません。しかしそれは面倒くさい。

結果として、他人の意見を汲むことなく、自分の感覚だけで結論を出そうとするため、極論になります。つまり二元論でものを言う人は、思考停止しているのです。

私は投資やお金の使い方をテーマにした書籍を出していますが、よく「金を稼ぐためには何をしてもいいのか」という批判をいただきます。

そういう人は、お金を稼げない自分を認めたくないゆえに、「稼ぐということは違法行為や人を騙すことと同じだ」→「自分はそんな人間になりたくはない」→「だからおまえの意見には反対だ」というロジックで自分を慰めているのかもしれません。

しかし、人を騙してお金を手に入れようとしても、現代ではネットや口コミですぐウワサが拡散し、すぐに行き詰まりますし、場合によっては当局に摘発されます。それではただのバカです。

稼ぐことの本質は、顧客に感謝されることのはず。感謝の対価としてお金をいただく。感謝されるからリピーターがつき、継続的に仕事をもらえる。単価や数量を増やしてもらえる。そうやって稼ぎが大きくなる。

結局、短絡的に批判する人は、稼ぐことが他人に価値を提供することだということに考えが及ばない。つまり思考が浅いのです。

◉二元論を回避すると、思考が深まり選択肢が広がる

二元論的発想を回避できれば、チャンスや選択肢が広がります。

たとえば「不動産投資」と聞いたらどう感じるでしょうか。漠然と「危険だ」と考えている人は少なくありませんが、そもそも不動産投資自体に安全とか危険とかが決まっているわけではありません。安全な方法をとる人と、危険な方法をとる人がいるだけです。それはすべての行為・事象に言えることです。

ですから、「安全に儲かるようにするにはどうすればいいか」と考えられる人には、不動産投資で不労所得を得られるチャンスが現われることになります。そして家賃収入が大きくなれば、会社を辞めても辞めなくても生活できるようになりますから、生き方の選択肢が増えることになります。

しかし「危険だ」と始めから決めつけている人は、どんな有力な物件や方法があってもスルーします。

◉反対意見を取り入れてから考える

ではどうすれば、二元論的発想に陥ることなく、物事を複数の側面から考えられるようになるか。

まず意識の問題においては、「物事は常に多面的である」という姿勢を持ち続けることです。そして多彩な比較の視点を持つために役立つのは、自分の意見と反対の主張を取り入れてみることです。

たとえば自分は人間ドックは有益だ、と考えているなら、「無意味だ」と反対意見を主張している人の話を聞く。子どもの早期教育が必要だと考えているなら、「不要だ」という主張の本を読む。

そうして両論を受け入れた上で、自分で考え、自分の意見に根拠を持つ。リスクやデメリットを指摘されたなら、それを回避あるいは解決する方法を考える。その繰り返しによって、重層的で深い思考が身につきます。

それが合理的な判断につながり、結果を受け入れられる自己責任能力の獲得につながるのです。

自己啓発本を読むか読まないかではなく、タメになると思った本だけ読めばいい!

弱い心

30

嫉妬を捨てる

捨てられない人　想像力が低下する。

捨てられた人　誰からでも学ぶことができる。

弱い心

成功者が現れると、「どうせあいつは詐欺まがいのことをしたんだろう」「そのうちダメになるさ」という人が必ず現われます。同僚や部下が先に昇進したとき、「なんであいつが」「会社は見る目がない」という人がいます。

客観的に見ればみっともないことだとわかっていても、当事者になるとついそうした感情に支配されてしまいます。そういう人は驚くほど多く、実際、世の中は嫉妬で渦巻いています。

こうした嫉妬をする人には共通点があります。

まず、負けず嫌いにもかかわらず、真正面から勝負を挑む度胸がありません。また、努力して相手を上回ろうという向上心がない一方で、自分が劣っていると認めたくないという、プライドばかり異様に高い傾向があります。

他人を蹴落とすような言葉を吐くのは簡単ですし、自分の立ち位置を相対的に上げることができます。ただ言うだけ。書くだけ。努力も勝負も気力も知性もいらない。簡単に自分の溜飲を下げることができるのですから、嫉妬に逃げる人が多いのは当然といえば当然です。

そんな嫉妬の最大の問題は、人から学ぶ機会を自ら奪ってしまうことです。他人の成功の要因を緻密に分析することができなくなる。これは大きな機会損失です。

◉ネオヒルズ族のビジネススキーム

たとえばネオヒルズ族と呼ばれる人たちのやっていることは、実にシンプルです。無料特典を用意して顧客リスト（メールアドレス）を集め、そのアドレスに商品をセールスする、というものです。

実際にセールスするのはアフィリエイターと呼ばれる別の人である場合もあります。アフィリエイターは自分のメールマガジンやブログ、ツイッターなどで拡散し、売れたら手数料をもらうようになっています。もちろん、ネオヒルズ族である彼ら自身も、アフィリエイターとして他人の商品を販売します。

「族」と言われるとおり、彼らには強固なネットワークがありますから、仲間同士で結託し、同じ商品を同時期にセールスします。一気に市場に商品を浸透させて盛り上げ、販売を加速させます。

こうした彼らのやり方は、実は伝統的なマーケティング手法です。「応募したら抽選で景品がもらえる」「申し込むとサンプルがもらえる」という誰もが知っている大手メーカーの販促と何ら変わりありません。

無料特典と引き換えに顧客リストを集める手法は、どの業界でも使われます。

売って手数料を稼ぐアフィリエイトは、いわゆる代理店制度です。たとえば、いわゆる「保険のおばちゃん」も代理店で、保険会社の代わりに保険を売り、手数料をもらっていますから、これも同じことです。

拡散して一気に知名度を上げるのはキャンペーンを打つのと同じこと。電車の車両をまるごと一社の広告で埋め尽くすラッピング広告なども その一環です。

ネオヒルズ族のやっていることは、一般企業もやっているさまざまなマーケティング手法を組み合わせ、それをインターネット上で展開しているだけのことです。

そうやってネオヒルズ族のビジネスを一つひとつ分解して研究すれば、自分に応用できる手法やアイデアがたくさん見つかるはず。

にもかかわらず、批判するだけというのは、他人の成功から学べないということになる。かように嫉妬とは、人間の学習能力を低下させる感情なのです。

◉嫉妬は想像力を低下させる

嫉妬は人間の想像力をも低下させます。

「金持ちからもっと税金を取れ」という意見に納得できる人は多いでしょう。しかし彼らには、私たちがテレビを見ているときも、寝ている時も、飲みに行っているときも働いていた、という過去があります。

その努力と引き換えに金持ちになったという裏側を想像すれば、「金持ちに重い税金を課せ」という主張がどれほど身勝手なことか、と思えてこないでしょうか。

もしかしたら、「尋常ならざる努力の末に彼らの成功がある」と認めると、自分の無能さや努力不足を認めてしまうことになり、自尊心が傷つく。だからそんなこと、想像したくもない、ということかもしれません。

相手を貶《おとし》めて溜飲を下げたり、「自分には興味ない」と無関心を装ったりすることは、自らの想像力を奪い成長の芽を摘むだけです。こうなったとき、本来は資産であるはずの頭脳が、負債となってしまいます。

◉嫉妬心を捨てる方法

かくいう私も、常に嫉妬の感情に駆られています。

不動産ビジネスに携わっていますから、知人の会社が「○億円の物件を両手で決めた」という情報は気になります。

保険ビジネスにも関わっており、「○○さんがTOT資格を取った」（TOTとは、保険のトップセールス基準で、年収7千万クラス）という情報には敏感に反応します。

FXトレーダーでもありますから、著名な投資家が「今月○千万円の利益を出した」という話を聞くとくやしいですし、セミナーの仕事もしていますから「○○さんが参加費15万円のセミナーで100人集めた」という情報にも黙っていられません。

さらにビジネス書の著者の仕事もしていますから、顔見知りの著者が「○万部のベストセラーを出した」と聞けば悔しくなります。

ネットであらゆる情報が瞬時に伝わるようになり、自分の無能さ、敗北感を突きつけられる場面が増えたわけですから、嫉妬心を前向きなパワーに変換する方法を身につけていないと、嫉妬の感情に簡単に押しつぶされてしまうでしょう。

無益な嫉妬心を捨て、前進するエネルギーに変換するために、私が意識している思考習慣をご紹介します。

①相手の人格を無視し、プロセスに注目する

たとえば前述のネオヒルズ族は、若くして成功した人が多いですから、その発言に「生意気だ」と感じることもあるでしょう。しかしそうやって人間性に注目するから、自分に合わないと腹が立つし、受け入れられなくなります。

しかし、自分の成長の糧になるものは何か、にフォーカスした場合、相手の人間性は関係ありません。

彼らが優しくても野蛮でも、素直でも生意気でも、自分には何の影響もありません。

そもそも人間性を真似しても同じにはなれない。

だから人格は無視して、彼らがやっているプロセスにのみ注目し、そこから参考になる部分はないかを探すのです。

②素直に悔しがる

悔しがることと嫉妬は、似ているようでまったく異なる感情です。

嫉妬で自分の行動は変わりませんが、悔しがることは「自分の努力レベルでは負けたままだ」「ヤツを上回るためには、もっと努力しないといけない」と自分のモチベーションを高める燃料になります。

劣っていることを自ら認め、相手がうまくいった理由を緻密に分析し、自分は何をすべきかを特定し、そこに向かって行動を起こす。そうやって、嫉妬心を成長の原動力に振り向けるのです。

31

依存心を捨てる

捨てられない人　他人の都合に振り回される。

捨てられた人　自分の人生のハンドルを自分で握ることができる。

弱い心

人間関係で不愉快になったり、不平不満になる最大の理由は、他人に依存しているからです。先日、私がフィリピンに3か月間滞在したときの話を紹介します。

ある日系企業の業務を手伝った際、そこに2人の日本人女性がインターンとして働いていました。20代のAさんは、インターンとして働く代わりに、帰国後は独立し、その会社から仕事を受注するという約束をしていたそうです。

しかし後日、Aさんが請け負う予定だった事業そのものが頓挫してしまいました。困ったのはAさんです。何のためにフィリピンに来て、独立準備をしていたのかと途方に暮れてしまいました。

「話が違う!」と激怒していましたが、怒ったところでどうにもなりません。Aさんは結局、その分野での独立は諦めざるを得なかったようです。

もう1人の女性は、ある投資家から出資してもらう条件で、その投資家の紹介を通じてやはりインターンとして働いていました。

しかし突然、投資家から「出資できない」と言われ、同じく彼女も途方に暮れ、自分の行き場を見失っていました。

この2人に共通する問題点はまさに、他人に依存していたということです。依存すれば、その相手なくして自分の将来が成り立たなくなります。自分の人生そのものが、他人の都合に左右されてしまうことを意味します。

サラリーマンでも会社に依存し過ぎてしまうと、将来、解雇・倒産などになったらどうなるでしょうか。

◉依存する→他人のせいにする→不満がたまる、という悪循環

依存心の強い人の傾向は、「誰かのせい」という言葉に集約されます。

就職できなかったのは学校のせい。仕事がうまくいかないのは上司のせい。子どもがわがままなのは配偶者のせい。年金が減るのは政府のせい。窮屈なのは社会のせい。

何でもかんでも他人のせいにするのはラクかもしれません。しかしそれは、自分の状況を他人にコントロールされていることになります。

「陰口を言う人」の心理に近いのですが、そういう人は自分で対策を考えることをしませんから、思い通りにならないと、すぐに不満や怒りがたまっていきます。

政府に依存すれば税金の無駄遣いが頭に来るし、災害対策が遅いと腹が立つ。会社

に依存すれればボーナスが減ったら頭に来るし、解雇されると憤る。上司や部下に依存すれば、思っていた仕事ぶりじゃなければ頭にくるし、反論されると腹が立つ。

◉すべてを自己責任と決めると、頭脳がフル回転する

他人は、必ずしも自分の思い通りにはなりません。だからこそ、頼らない、依存しない、自分の力で切り開くことを前提に判断を重ねることが大切です。

そして、あらゆる出来事を「自分の責任です」と言い切れるように行動する。「自分のケツは自分で拭く」と決める。そうすれば、頭をフル回転させて、事前にリスク対策を講じ、問題解決を考えようとします。

政府への依存心を捨てれば、たとえば年金が減ることに備えて個人年金や確定拠出年金で積み立てたり、自然災害の少ない地域に引っ越したりするでしょう。

会社への依存心を捨てれば、自分がその会社にいられなくなることを想定し、他の企業に転職できる能力を磨こうとするでしょう。

仕事でも、「私の責任です」「最終的には私が責任を取ります」と言い切れる人が、

本当の自由を手にすることができます。

結局、他人のせいにする人が最弱で、自分のせいにできる人が最強なのです。

◉自己責任が最強の立場を得る

ではどうすれば、そんな最強の地位を獲得できるか。単純ですが、自分で考えて自分で判断し、その結果も自分で受け入れるということです。

依存している人は、考えていない人です。自分で考えることをやめ、自分で判断することをやめているから、他人の発言に流されるし、他人に頼らざるを得ない。**自分では何も想定していないし、対処法も考えていないから、何かあったら他人を責めることしかできないのです。**

他人の言うことに耳を傾けたとしても、それはあくまで材料に過ぎない。いろんな情報を集め、自分でメリット・デメリットを分析する。そして、どうすればリスクを回避できるか、リスクが実際に起こったらどう対処すべきかを考える。

リスクを回避できる、リスクを自分で負える、あるいはデメリットを上回るメリットがあると判断したら自分ひとりで決断する、ということです。

卑近な例で恐縮ですが、私自身は、自宅の照明をすべてLEDに変え、超低消費電力の新型冷蔵庫に買い替え、太陽光パネルで電力を賄い、カフェでパソコンやスマートフォンの充電をしています。

そうしてわが家の電気料金がかつての3分の1程度になったとき、電力会社の対応がまったく気にならなくなりました。

投資詐欺に遭うのは、欲に目がくらんでお金のハンドルを他人に委ねてしまうから。だから自分のお金は自分で握る。私も誰かに出資したり、誰かに運用を任せるということはやめました。直接投資ができない新興国は投資信託を買っていますが、基本的にすべて自分で直接運用しています。

他人の行動に自分の生活が左右されることが少なくなれば、感情も影響されなくなります。

32

「分相応」を捨てる

捨てられない人　時代・環境の変化に取り残される。

捨てられた人　今の能力の限界を突破できる。

「分相応」という考え方は、成長を阻害する要因になることがあります。なぜなら、自分の判断で勝手に自分の限界を決め、挑戦を避けることにつながるからです。

「自分の実力では、荷が重過ぎます」

「私にはその規模が分相応です」

あなたのその判断は、本当に正しいのでしょうか。昔に定めた自分の限界を、何年も経った今でも、同じ水準を引きずっているということはないでしょうか。

「そうはいっても、なかなか……」という控えめな人に、自分の限界の捨て方、考え方をご紹介します。

弱い心

①弱点を捨てる

自信のないことや弱点だと感じていることがあると、どうしても尻込みします。しかし、自分が自分で弱点だと思っていることは、必ず強みに変えることができます。

たとえば私は言葉数が少なく、自社の社員からも「社長は何を考えているのかわからない」と反発を受けることがあり、これは自分の弱点だと思っていました。

しかしあるとき顧客から、「ペラペラしゃべる人は信用できない。午堂さんは無駄なことを言わないし要点を得ているので信用できる」と言われました。

「そんなものかな」とぼんやり思っていたところ、ある女流プロ棋士のインタビュー記事を目にしてハッとしました。

その女性棋士は、自分のことを「かわいい」と思っていて、芸能界に行きたいと思っていたそうです。しかし自分程度のビジュアルなら業界にゴロゴロいて、大して目立つことはできないだろうということは容易に想像できる。

では、自分の容姿で勝てるところはどこかを考えて、彼女が飛び込んだのが囲碁の世界。そもそも女性自体が少ないため、ただでさえ若い女性は目立つ。少しでも容姿が整っていれば、「美しすぎる○○」と言われて人気が出るのだそうです。

私はそれを読んで、顧客に言われたことが腑に落ちました。

従業員をマネジメントするという立場では弱点になっても、対顧客へのプレゼンには強みになる。つまり、ステージを変えれば、短所も長所に変わるということです。

子どもの頃は背が高いのが悩みだった女性が、舞台女優を目指したとき、ライバルから抜きん出られる強みに変わった。三流大学出身が欠点だと思っていたけど、「受験勉強のどこでつまづくかわかる」ということで偏差値30以下の子どもの家庭教師として重宝された。そんな例は枚挙に暇がありません。

もし「自分が活かされていない」という閉塞感で悩んだら、「自分の欠点を欲してくれる場所はどこか」を探してみましょう。

②自分の強みを捨てる

反対に、自分の強みを捨ててみるという方法もあります。自分が得意としていること、他人よりもうまくできること、自信があることを、いったん捨てる。

自分の強みにしがみついていると、自分の才能が開花する可能性のある他の分野に挑戦することなくこの世を去る、ということになりかねないからです。

私自身は、不動産投資やＦＸが得意で、長らく投資信託への投資は避けてきました。高コスト構造に加えてレバレッジが効かないし、基本的に景気上昇トレンドという一方向でしか利益を得ることができないからです。

しかし２０１３年５月のアベノミクスバブルの崩壊、新興国通貨の暴落を機に、投資信託の積立に挑戦してみることにしました。そして１年後、毎月分配型投信を中心に、年利回り20％以上で運用ができています。

将来はどうなるかわかりませんが、意外に手堅い運用ができることがわかり、書籍や講演のネタにもなっています。

自慢したいわけではなく、不動産投資やＦＸにこだわっていたら獲得できなかったであろう分野のネタが見つかった、ということです。

◉捨てると新たな能力が見つかる

時代・環境の変化への対応という意味でも、それまでの強みを捨て、新たな分野に進出することが生き残りのカギを握ることがあります。

私たち個人で言えば、転職で業界・職種を変えることがそれにあたるでしょう。

とはいえ、一般には、自分が長年携わっていた業界・職種を捨てるというのは勇気が必要です。今まで積み重ねてきた知識・経験・人脈が活かせないかもしれない、というのは恐怖でしょう。またイチからやり直すことに対する「面倒臭さ」もあります。**しかし真剣にやれば、今までの経験は必ず活かせるようになります。なぜなら、どの分野でも、上達や成功の要諦には多くの共通点があるからです。**

司会業に転向する芸人は、芸人としての話術や「場を読む」力を活かすことができます。高級車の営業で腕を鳴らした人なら、マンションも保険も売ることができます。

私自身の話で言えば、ＦＸや不動産投資以外でも同じロジックを使って投資をしています。不動産投資のように利回りが高く安定している商品なら、相場に関係なく儲かる。ＦＸのように安い時に買って高い時に売れば儲かる、というセオリーは通用するということです。

◉「才能」を言い訳に使わない

自分の限界を決めたり、諦めたりするとき、「才能」という表現が使われることがあります。

「自分はそんな才能はない」「あの人は天才だから」。

しかし、実際には才能がないのではなく、自分の才能が発揮できる場所を間違えている、あるいは才能の磨き方を間違えていることがほとんどだと感じます。

もちろん「自分探し」をしろとか、すぐに諦めて次に行け、という意味ではありません。**向いていないのに単なる憧れで目指すとか、努力レベルが一定水準に達していない段階で、才能を理由に諦めるのをやめようということです。**


たしかに、持って生まれた能力が何なのかを特定し、その能力が発揮できる場所を探すのは容易ではありません。

そこで、「才能とは天賦の才」という発想を捨て、「才能とは、目的の達成に向けて適切な努力ができる力」と定義してみましょう。

夢は自分を裏切らない。裏切るのは自分。挑戦することなく「分不相応だ」とあきらめるのは自分自身です。壁にぶつかるかもしれない、しんどいかもしれない、面倒くさいかもしれない、という恐怖にビビり、拒否したい自分自身との闘いです。

33

コンプレックスを捨てる

捨てられない人
発想が後ろ向きになる。

捨てられた人
ビジネスの強力な武器となる。

コンプレックスは、捉え方を間違うと、自分の可能性を見逃す危険性があります。

「どうせ自分は」と卑屈になる。
「こう思われるんじゃないか」と積極的になれない。
「どうせアイツなんて」と他人を妬む元凶にもなる。

そこで、「コンプレックスは武器になる」という話を紹介したいと思います。
何を隠そう、私自身がコンプレックスのカタマリです。私は資産が何億もあるとか本をたくさん出しているなどの理由で、「午堂さんは成功している」と言われることが多いのですが、それは表面的なものです。実はたくさんのコンプレックスを持っていますし、不安だってあります。

◉コンプレックスは財産

しかし最近になって、コンプレックスを持っていることは、実は大きな財産だということに気がつきました。

弱い心

たとえば、2007年に始めたボイストレーニングスクール「ビジヴォ」。これは完全に自分のコンプレックスから始めた事業ですが、売上は絶好調です。

私はセミナーなどで人前で話す機会が多いものの、すぐにノドがかれる、声がくぐもって通らない、滑舌が悪い、という悩みを持っていました。

そこで改善方法を模索しましたが、「歌う」ためのボイストレーニングはたくさんあっても、「話す声を改善する」ためのスクールは、当時2校しかありませんでした。その中から大手と思われるスクールに2か月通ってみても、まったく改善しない。

そんなとき、偶然出会った音楽家の秋竹朋子氏に相談したところ、簡潔なアドバイスを受けて、すぐに劇的な変化があったのです。

そこで、「僕と同じように声に悩みを持っている人は、きっと多いはず。ビジネスとして一緒にやろう」と声をかけて事業を始めました。思惑は当たり、大人だけでなく、子どもでも声に悩んでいる人は多く、いまの盛況につながっています。

余談ですが、この音楽家の女性が、今の私の妻です。

◉あらゆるコンプレックスが市場をつくる

また、私は学生の頃から貧乏生活が長かったため、お金に対するコンプレックスがあります。金銭面では苦労したくない、お金を増やしたいという思いが強い。

そこで資産形成のために投資を始め、投資に関するメールマガジンを発行し始めました。それを読んだ出版社の方から「その内容を本にしませんか?」と声をかけていただいたことが、広くマネーに関する情報を発信するきっかけとなりました。

そのほか、英語が話せないことも大きなコンプレックスでした。米国公認会計士の資格を取得しても、外資系企業に4年勤めても、一向にしゃべれるようにならない。聞き取れても、言葉が出てこない。

そんな自分を変えたくて、42歳にしてようやくフィリピン・セブ島の英語学校に通いました。最初の1週間はヘトヘトでしたが、徐々に慣れ、1か月で話せる自信がつきました。

そこでの体験や、英語で異国の人とコミュニケーションできる感動を広めたくて、いまではセブ英語留学の代理店までやっています。

私の周りでも、自分のコンプレックスを事業化している人はたくさんいます。

自分が肌荒れで悩んでいたから美容事業を始めた。子どもがアトピーで苦労したからアトピー対策の商品を集めてウェブショップをつくった。自分は営業ビリだったから営業コンサルティング事業を始めた。結婚したくても出会いがないという人が婚活塾を主催する。離婚で苦しんだという人が離婚アドバイザーをする……。

つまり、「コンプレックスが市場をつくる」のです。かつらも育毛も、ダイエットも美容整形も、英会話や婚活も全部コンプレックスビジネス。ご存じの通り、そのすべてが巨大な市場になっています。

◉「イタい人」ほどコンプレックスに悩む

「ビジネスにする」という選択肢は、多くの人にとっては現実的でないと感じるかもしれません。しかし私は、ビジネスにならないコンプレックスも、まったく気にならないようになりました。

というのも結局、コンプレックスとは「自分が思っているだけ」で、他人はほとんど関心がないことが多い、ということがわかったからです。

友人に「最近太ったんだよね」と言ってみても、「ああ、言われてみればそうかも」という返事。「最近白髪が増えてさあ……」と言えば、「40歳過ぎりゃ当然でしょ」と返される。

自分が思っているほどには、他人は自分のことをそんなによく見ていないし、興味もない。あなたも、ここまで述べてきた私自身のコンプレックスの話を、「ふーん」程度にしか感じなかったでしょう。

コンプレックスに関する悩みの多くは、実はどこにも存在していない「他人にこう思われるのではないか」という勝手な妄想に取り憑かれているだけということ。

つまり、誰も見ていないのに、一人で踊って一人で疲れているようなもの。率直に言えば「自意識過剰」、もっと言えば「勘違い野郎」なのです。

コンプレックスは内に隠すと卑屈になるけど、外に出すと個性になる可能性がある。モノゴトは表裏一体なので、あなたが弱点であると思っていたことを、強みに変えることができる。

そう考えば、コンプレックスを捨て、前向きな力がみなぎるのではないでしょうか。

34
心配事を捨てる

捨てられない人　無駄に時間と気力が奪われる。

捨てられた人　やるべきことが見えてくる。

いま、あなたが不安に思っていることは何でしょうか。お金、仕事、結婚や出産、老後の生活設計、あるいは来週の商談や結婚式のスピーチかもしれません。

しかし、その多くは気にしても意味がないものです。まだ起こっていない未来のことであり、どうなるかはわからないからです。起こっていないことにただ思い悩むことは、ただの妄想。時間と気力が奪われるだけで、前向きな力は生まれません。

不安を払拭できるのは、解決のための具体的な行動だけです。

プレゼンがうまくできるかどうか不安でも、その不安を払拭するには、とにかく練習するしかありません。資料をきちんと作り込み、質問されそうな項目を想定しておく。同僚や上司の前で実際にデモプレゼンし、ダメ出しをしてもらう。ビデオに撮って自分のクセを修正する。書類を見ないでも笑顔で話せるように、注意を引きつける身振り手振りも含めて何度も練習する。

そうやって初めて不安が自信に変わる。「これだけやったんだから」という、いい意味での割り切り感というか、納得感が得られる。

しかしもし、そうした具体的な対処法が思い浮かばないとしたら、その不安はまだ漠然としている証拠。単になんとなく不安に思っているだけで、自分で何を不安に思っているのか、実は正確には把握できていないということです。それでは解決方法も思い浮かばないので、不安が消えることもありません。

だからまず、その不安の正体を具体的に特定し、可視化させることです。

◉不安を可視化して「課題」に変える

たとえば「老後の不安」とは、いったい何か。お金か、健康か、孤独なのか。

もし不安の正体がお金だったなら、年金事務所に問い合わせて年金支給額を試算し、自分が想定する生活水準に照らして不足額を計算する。

確定拠出年金や個人年金、養老保険など、負担の少ない準備方法を考える。あるいは定年退職後も働けるように、今から副業に取り組んでみる。

健康に対する不安なら、病気になりにくい食生活、生活習慣に切り替える。ストレスがかかりすぎる環境を避ける。老後の孤独であれば、子どもをつくる、趣味の仲間をつくるなど、一人きりにならない方法を考えておく。

そうやって、具体的な行動に落とし込む道筋をつけると、不安は「課題」に変わります。あとは、その課題を解決する打ち手を考え、ひとつひとつ実行していくことで、不安はなくならないまでも、薄れていくはずです。

◉優先順位をつけると、どうでもよい不安がわかる

不安の正体を洗い出していくと、実は周囲から煽られてつくられた不安であり、自分にとっての不安ではない、と気づくことがあります。

たとえば、「結婚できないんじゃないか」と本気で悩んでいるなら、「どうすれば結婚できるか」を考え、婚活したり、今までの恋愛が失敗してきた理由を洗い出したり、一つひとつ実行しようとするはずです。

それでも家の中にじっとしていたり、家と会社の往復だけの生活を変えられないなら、自分は心から結婚を望んでいるわけではないということなので、悩むだけ無意味だ、ということがわかります。

地震が本当に不安ならば、地震保険に入ったり、耐震補強工事をしたり、地震被害

の少ない地域に引っ越す、という方法があります。

「それはムリ」と感じるなら、なぜムリだと思ったのか、理由を考えてみる。「仕事がある」「お金がない」という理由ならば、地震の不安よりもそちらを優先しているということですから、自分の中での優先順位は低いということ。

本当に不安なのであれば、仕事を変えてでも、借金をしてでも現状を変えようとするはずです。死の危険と隣合わせならばなおさら、命あっての人生なのですから。

「今月中にアメリカに引っ越さないと、家族全員殺される」という状況ならば、会社を辞めて家を売って、是が非でもアメリカに引っ越すでしょう。英語を必死で勉強し、現地で就職活動をするでしょう。

だから、「わかっているけどやれない・やらない」というものは、優先順位の低い心配事ということなので、悩むだけムダ。それは無視していい、ということです。

そうやって、ただ思い悩んでいる無意味な時間、不安な心の状態を、人生の中から減らしていくのです。

35

正義を捨てる

捨てられない人

視野が狭まりガンコになる。

捨てられた人

多様な解決策が見出せる。

正義感のある人は正しい、正義感が強いことは望ましい、と考える人は多いでしょう。しかし、実は正義感の強い人ほど周囲から疎まれ、チャンスを逃す傾向があります。理由は2つあります。

1つは、自分の考え方が正義だと思い込むほど、他人の行ないを許せなくなるからです。自分と異なる価値観や行動は「悪だ」と判断し、非難し、相手の行動を正そうとします。正義感は、実は単なる価値観の押し付けに過ぎないことがあります。

ですから、「あなたは正義感が強いね」と言われたら、喜ぶよりもむしろ「ヤバいな」と感じたほうが良いでしょう。

見方を変えればただのガンコ者、悪く言うと「自分の価値観に合わないことがガマンできず、批判して相手を変えようと圧力をかける人」と同義だからです。

◉ブラック企業は本当に「悪」なのか？

たとえば「ブラック企業は許されない」という考え方は、果たして正義なのでしょうか。厚労省が発表している「過労死ライン」としての残業時間は「月80時間」だそうですから、月に20日働くとすると、1日4時間の残業です。

しかし当然ながら、それは万人に共通する基準ではありません。過労死ライン未満の残業で体調を崩す人もいれば、私がかつて身を置いたコンサル業界や投資銀行業界のように、月200時間の残業を超えてもまったく涼しい顔をしている人もいます。

ビジネスでは、かけた時間よりも生み出した価値が重要ですから、個人にとっては、サービス残業をしてでも自分の能力を高めたほうが、長期的には稼げる人材になる、という考え方は充分に成り立つはずです。

さらに言えば、黎明期のベンチャー企業はほとんどがブラック企業です。社長以下全従業員が、家にも帰らず休みも取らず、猛烈に働いていることが多い。

創業当時から定時退社で、果たして大企業がひしめく市場で勝ち抜くことできるか。残業は基本給の25%増しで支払う必要がありますが、果たしてベンチャーにそんな体力があるか。

とにかく仕事を取ってこないといけない。会社にはカネがないから、仕事は少人数でこなさないといけない。質を下げると他社に負けるから、質を落とせない。やることは山ほどあるから、みな寝食を忘れて仕事に打ち込む。

その過程で成長する人もいれば、辞めていく人もいる。脱落する人もいれば、経験を活かして巣立ち、自ら起業する人もいる。そんなベンチャー企業の存在は、国の活力の証しです。

海外に目を向ければ、欧米人もアジア人も、世界のトップ層は信じられないくらい猛烈に働きます。日本が彼らよりヌルい働き方を奨励するならば、圧倒的な国力の差がつき、日本は貧しい国になる。だから彼らを知っているグローバル企業の経営者は、大変な危機感を持っているのです。

別の見方をすると、定時退社、残業なし、高待遇のいわゆる「ホワイト企業」がそうした環境を維持できるのは、利幅の大きい商品を売っているからです。言い換えれば値段は割高、悪く言えばボッタクリ。

つまりホワイトな会社に入りたいというのは、顧客からボッたくる会社に入りたいと言っているのとそう変わらない話とも言えます。

ちょっと長くなりましたが、以上のようなことを考えたとき、長時間労働、サービス残業、低収入といった表面的な事象だけで「ブラック企業だ」「そんな会社は排除しないといけない」というのが、本当に社会全体にとって正しいことなのでしょうか。

これはあくまで一例に過ぎませんが、正義感の強い人というのは、自分の考え方にこだわるあまり視野が狭くなっている可能性が高いのです。

◉正義は立場によって変わる

そして、「正義」とは、時代や立場、環境などによって変わるため、短絡的に判断してしまわないよう、注意が必要です。

こんな話を聞いたことがあります。

地下鉄の中で、3人の子どもが走り回って騒いでいました。しかし、その父親とおぼしき男性は、下を向いたままほったらかしにしていました。

見かねた隣の女性が、「お子さんが騒いでいるのに注意しないのは良くないですよ。みんな迷惑していますから」とこっそりと耳打ちをしました。

その男性はハッと顔を上げ、こう答えました。「すみません、気が付きませんで。

さっき妻が病院で亡くなり、混乱していたんです」。

それを聞いた女性は絶句し、「無責任な父親と、わがままな子ども」という印象が、「妻に死なれて呆然としている夫と、母の死を理解できなていない気の毒な子ども」という見え方に変わったのです。

ある状況を、自分の勝手な倫理観で判断し、他人をどうこう言うことが、どれほど愚かなことか。

つまり正義とは、行いが常識はずれの人や、失言をした人を叩くような行為ではないということがわかります。

◉発言の根拠を説明できない人は無視していい

ではどうすれば自分とは違う価値観を尊重できるようになるか。2つの方法がありますが、まず、とても有効な「おまじない」があります。それは、相手の発言や行動に対して、とにかく「なるほど！」をつけるのです。すると、脳は自動的に相手の言い分の正当性を探そうとしてくれます。

たとえば自分は日本の集団的自衛権行使には反対の立場だとします。すると政府の決議が気に入らない。だからといって首相官邸前でデモをするのではなく、いったん「なるほど！」をつけてみるのです。

すると、「なるほど！　確かに今のままでは自分の友人が殴られているのを見て見ぬふりをすることになるな」とか、「なるほど！　撃墜されるまで何もできないとしたら、飛行機のパイロットや船の乗組員の命すら守れないな」と、賛成派の主張の正当性を探そうとして、賛同はできなくても理解できるようになるでしょう。

もうひとつは、「この人はなぜこのようなことを言うのだろう？」と背景を洞察しようとすることです。

たとえば「愛もお金で買える」と言われれば、多くの人は「そんなはずはない」と反発したくなるでしょう。そこで、「この発言の背景は何か？」を考える。わからなければ、ネットなどで調べてみる。

すると、新興国でモテるのは経済力がある人だとか、日本の結婚相談所や婚活マッチングサイトでも、面会の申込みが殺到するのは年収が高い人だとわかる。そこから、愛情にお金は不可欠だと考えている人は少なくない、と理解できるでしょう。

会話の中で理解できないことがあれば、素直に「どうしてそう思うんですか?」と聞けばいい。家庭環境や経験で形成されたものはなかなか説明しにくいものですが、きちんと言葉に変換できる人は、その主張に合理性があるということです。

あるいは、相手に説明を求めることで、本人も「そういえばなぜだろう?」と振り返るきっかけとなり、場合によってはその主張を翻すこともあるかもしれません。

逆に、「おかしいに決まってる」「ダメなものはダメ」などと論理的に説明できない人の主張は、何ら根拠がないということなので、無視したほうがいいとわかります。

根拠もなければ検証もしようがないので、その人は基本的に自分の発言に責任を持っていないということだからです。無責任な人に何をしても言っても無意味なので、スルーするに限ります。

36 他人のつくった「成功」の基準を捨てる

捨てられない人

社会や他人の基準に縛られる。

捨てられた人

自分基準の成功を定義できる。

「成功」という言葉は、「うまくいく」「儲かる」「幸せになる」という意味も含む曖昧にして非常に便利な言葉なので、私自身も本書の中で頻繁に使っています。

しかしあえて、「成功願望」は捨てよう、と提案したいと思います。もっと具体的に言うと、「他人が作った成功の基準を捨てよう」ということです。

収入、資産、知名度などといった、世間的に使われがちな「成功」の尺度は、個人にとっては成功を構成する一要素に過ぎないからです。

◉成功者は「成功した」と自覚していない

一般に「成功者」と呼ばれている人が成功しているように見えるのは、外野から見える部分だけであって、心の内はわかりません。

知人で心理カウンセラーとして大成功し、全国に10の支店を出している女性起業家がいます。しかし、彼女のほうが稼いでいたのが重荷だったのか、年下のご主人から別れを切り出されて離婚してしまったそうです。

代々続く老舗食品メーカーの御曹司である別の知人は、資産は数十億にのぼりますが、伝統を守りつつ革新を続けるというプレッシャーにさらされ、自分探しのセミナーを渡り歩いて迷走しています。

著者仲間でベストセラー作家がいますが、なかなか子どもができないことで悩んでいます。将来は両親も他界し、兄弟は別の家庭を持っているため、もしパートナーが死んだら、本当に孤独になると心配しているようです。

私も成功していると言われることがありますが、やはり自分ではまったくそう思えません。今の状況が何年続くかわからないという不安は常にありますし、子どもの教育をどうするか迷いがあります。収入や資産だけを比べれば、上には上がいますし、一生遊んで暮らせるほどの余裕はありません。

◉自分基準の成功を定義しよう

お金は数値化できるため、基準にしやすいし、わかりやすい。しかし結局のところ、お金だけで「成功」したり、幸福になれる単純な人生など、現代では珍しいでしょう。

実際に本人が成功と感じるかどうかは、表面的な現象では見えてこないですから、世間やメディアが放つ「成功しよう」というエサに安易に飛びつかない用心深さも必要です。

「成功本」「成功のための情報商材」「成功を謳うセミナーや勉強会」「成功に欠かせないツールやデジタルガジェット」なんてものは、たいてい無駄に終わります。なぜなら、結局他人が言っている他人基準の成功から導いた商品だからです。

投資にしてもフランチャイズビジネスにしても、結局儲かっているのは、それに乗る人ではなく、それを主催している人や企業なのです。

しかし、「自分だけの成功」を定義すると、他人のことを羨ましがることもなく、詐欺まがいの商売に引っかかることもなく、他人の発言にイライラすることもなく、嫉妬することもなく、黙々と自分のやるべきことにフォーカスできるようになります。

ではどうすれば自分だけの成功基準が見つかるか。

それは、自分自身が納得できる状態、後悔しないこと、満足度の高いこと、笑顔でいられること、充実感を覚えることを基準にするのです。その基準は人それぞれ違うはずです。たとえば、モーレツに働いている自分にうっとりする人もいれば、ちょっと働いては旅に出るような生活がメリハリがあって楽しいと感じる人もいます。

弱い心

ちなみに私が定義する成功とは、「どれだけ長い時間笑っていられるか」「どれだけたくさんの〝ありがとう〟をもらえるか」「どれだけたくさんの達成感を得られるか」「プロセスそのものを楽しめるか」「夜は満足して眠り、朝はワクワクして目覚めることができるか」ということです。

「〇〇億円貯めたら成功!」みたいな資産規模の基準はありません。私は貯め込むことには興味がなく、お金は使うほうが楽しいと考えているからです。

だからストックよりも、フローが大きく途絶えないことのほうが大事。そのため、私についてまわっている「資産〇億」というのは自分的にはどうでもよく、むしろ年収をもっと上げたいと思っています。

これだって、きっとあなたの基準とは違いますよね。それでいいのだと思います。

37
反省を捨てる

捨てられない人
自分を過小評価してストレッチできない。

捨てられた人
教訓や経験値が増えていく。

「反省」にはワナがあります。それは反省することで、「自分がいかにダメだったか」にフォーカスしてしまう場合があるからです。
「注意力散漫な自分はダメだ」「コミュニケーション力が低い自分は成功できない」などと自分を責めると、ただ落ち込むだけです。

自己否定感が大きくなると、「どうせ自分には無理」と限界を設定し、「やらなくてもいい言い訳」を探すようになってしまいます。

他人のせいにしても何ら成長しませんが、自分を責めるだけでも、やはり前向きなエネルギーは生まれにくい。それに、次に同じような場面に遭遇したとき、必要以上に恐れたり、避けたりして、実はもう乗り越えられる能力を持っていても、「いや、以前うまくできなかったから」とチャンスを逃してしまいかねません。

◉反省せずに「分析」して「対策」を考える

そこで「反省」は捨てて、その代わりに「分析」と「対策」を考えるようにするのです。

「自分のせいだ」「自分が悪い」などという単純な反省ではなく、「こうなった原因は何か」と理由を分析し、「ではどうすれば次からもっとうまくできるか」という対策を考える。思考をそんなふうに切り替えることで、落ち込み度合いを最低限に抑え、「次」へのエネルギーを生むのです。

成功者に共通して見られる思考パターンに、「起こってしまったこと自体は忘れ、そこから得られた教訓だけを覚えておく」というものがあります。

自分が失敗した出来事そのものは忘れてしまうので、次の挑戦を恐れることはない。しかし、前回の失敗から得られた教訓は覚えているから、次はより適切な判断や行動ができるわけです。

私は成功者というわけではありませんが、楽天的でポジティブで、何でも挑戦できるのは、こういう思考習慣があるからだと思っています。

私は過去の出来事自体にはあまり興味がなく、すぐに忘れます。子ども時代のことはほとんど思い出せませんし、20代の頃の記憶も断片的です。

しかし、「こうすると失敗につながる可能性が高い」「この場合はこうしたほうがいい」ということだけは染み付いていて、何かが起きた時、ある場面に遭遇した時、自分が瞬時にとる行動の判断基準となっています。

かつて会社を２つ潰したこととか、投資で数千万円の損を出した経験も、後悔や自責の念としてではなく「あの判断がまずかった」「次はこうすればいい」という「教え」として強烈にインプットされています。

◉「経営者のカン」は誰でも身につけることができる

私は自分でセミナーやイベントを主催していますから、集客の難しさをよく理解しているつもりです。１００人収容できるセミナールームを借りたのに、実際には３人しか集客できなかった、という苦い経験も持っています。ウェブサイトでのＳＥＯ対策も自分で試行錯誤しているので、アクセスを集める難しさも、同じく理解しているつもりです。だから、安易なビジネスはすぐに見抜けます。

たまに、起業を目指している人からビジネスプランの相談を受けたり、新事業の参画に誘われることがあります。聞いてみると、確かにしくみも理想も素晴らしい。商品も魅力的。細かい使い勝手までよく工夫されている。

でも似たようなサービスがたくさんある中で、「なぜあなたの会社にお金を払うのか」という理由がない。どうやって顧客を集めるのかの戦略がない。

ミッションやビジネスモデルは立派なのに、肝心の集客や広告宣伝のアイデアがお粗末、というビジネスがほとんどです。


かつては自分の失敗を反省し、自己嫌悪に陥ったりしたこともありましたが、最近ではまったく反省しなくなったので、落ち込むことがぐっと減りました。

反省ではなく、「分析と対策」こそが心を平穏にし、なおかつ成長の糧になる姿勢だと考えています。

38

「社会は厳しい」を捨てる

捨てられない人
窮屈な生き方を強いられる。

捨てられた人
人生が楽勝になる。

「社会とは厳しいものだ」「世間は甘くない」「そんな甘い考えだと、社会では通用しないぞ」というお説教を聞いたことがある人もいるでしょう。あるいは、「その通りだ」と信じている人もいるでしょう。

しかし、私が自分の子供の頃と今を比べて感じるのは、「なんて素晴らしい社会になっているんだろう」「世の中、楽勝！」ということです。

なぜなら、企業が提供する商品・サービスのすべてが、私たちがよりラクに、よりリッチに、そしてより自由になる方向へと向かっているからです。

たとえば衣食住。かつては衣料品は比較的高額でしたが、ユニクロやH&Mといったファストファッションの登場により、種類は豊富に、価格は劇的に下がりました。

低価格外食チェーンのおかげで、かつてよりも外食費負担は減りました。スーパーにも低価格PBが増えましたし、安全な食品を求めれば、農家から直販で買うことができます。衣料も食品も雑貨も、ネットショッピングなど通販が充実しているので、どこに住んでいようと日常生活には困りません。

私が上京したころはバブル花盛りで礼金2か月があたりまえでしたが、今は礼金ゼロが普通です。郊外・地方に行けば、医療や行政サービスなどは不便かもしれませんが、数百万円の戸建て、家賃1万円程度の戸建てもたくさんあります。

◉「社会は厳しい」のバカバカしさ

教育や職はどうでしょうか。私が子どもの頃は、大学に行かないと良い職がないと言われていましたが、今ではそれほど関係なくなっています。

質の高い講義もネットの動画を使えばタダで見放題ですし、それが世界のどこにいてもパソコンやスマートフォンで視聴しながら勉強することができます。

職業の選択肢はとても多くなり、世界中の企業に就職することができるようになりました。海外の求人情報もネットでサクサク集め放題、ヘッドハンティングビジネスも拡大し、転職のハードルも下がっています。

実生活の面だけではありません。株式投資の手数料は大幅に下がり、FXのスプレッドも非常に小さくなった。暇な時間があればスマートフォンでいつでもどこでもトレードし、さくっと小遣い稼ぎができる。ネットビジネスやオンライントレードで「大学生が億を稼いだ」というニュースが出るのも、時代環境のおかげです。資金ゼロからでも逆転できる。凡人と富裕層の垣根はどんどん取り払われる。すごく自由になっている。

これらはどれも、私が学生の頃には想像できなかった世界です。

社会に参加する全員が、私たちがより便利に、より自由になれるよう仕向けてくれている。昔を知っているからか、こんな素晴らしい時代はないと感じます。

新卒の内定率の低下や、退職金の減少、社会保険料の負担増と給付減、増税などネガティブな変化もありますが、暮らし全体では驚くほど便利になっている。

このような恵まれた状況の中で、なぜ「社会は厳しい」などと言う人がいるのでしょうか。「日本には希望がない」「夢が見られない社会になった」なんて主張を目にすると、「寝言は寝てから言ってくれよ」と感じてしまいます。

◉必要以上に物事を難しく考えるようになる

「世間は甘くない」「世の中は厳しい」と思ってしまうと、新しいことに飛び込むことを躊躇するようになります。

また、理不尽な状況にも耐えなければ、という発想になる。難しいことが価値があることのように感じられ、事態をより深刻に、複雑に考えてしまう。

でも、本当はすべて逆なのです。失敗したってまたやり直せばいいだけ。全財産を一気に投下するようなことをしなければ、いくらでも再起可能です。

日本は敗者に厳しいと言われることがありますが、そもそも敗者ってどんな人でしょうか。事業に失敗した人のこと？

失敗したってまたやり直せばいい。会社を潰しても、何の制約もなく、誰でもまた会社をつくれます。

そう考えれば、なんだってできるでしょう。

多くの人は、世間とか社会を難しく考え過ぎではないでしょうか。世の中は意外に楽勝。そう考えると、チャンスばかりが目に飛び込んでくるはずです。

39

学歴・資格志向を捨てる

捨てられない人 ヒマな人だと思われる。

捨てられた人 自己投資のリターンを最大化できる。

小↓中↓高↓大↓就職という進学ルートは本当に正しいのか、日本の教育内容は時代の変化に対応しているのか、疑問に感じています。根拠の1つは、職業機会の変化です。

◉子どもたちは、まだ世の中に存在しない職業に就く

たとえば私が小学校に入学したとき、携帯電話やスマートフォン業界、インターネット業界はありませんでした。コーチングや情報セキュリティなども最近の仕事ですし、マンション管理士は西暦2000年以降に出現した職業です。

ということは、20年後の将来、自分の子どもが就くのは、もしかしたら今はまだ存在しない仕事である可能性があるわけです。

そう考えると、既存の概念や、答えが存在する理論のインプット、旧来の常識から見た知識の暗記を繰り返す教育に、いったいどれほどの価値があるのか、と思えてこないでしょうか。

もちろん、仕事の進め方や人間心理、問題解決やアイデア発想の本質がそうコロコ

ロ変わるわけではありませんから、大部分の人にとっては、高等教育機関への進学は変わらず重要であり続けるでしょう。しかし、特に日本の大学の多くは、研究者養成機関か、従業員量産システムの域を出ていないと感じます。

◉世界で活躍する能力は学校で学べない

クリエイティブな能力の高い人は、起業家だったり、自営業で活動しています。もちろんサラリーマンでも高給取りのポジションを手に入れています。

実際、アップルやグーグル、アマゾンのように、業界を超えて競争ルールを変革した会社が利益を独占しています。とくに欧米各社が取り組むスマート革命は、ＩＴ業界だけでなく、自動車産業やエネルギー産業のあり方まで変えようとしています。

さらに、ソーシャルメディア時代では、世界に散らばるプロフェッショナルに声をかけ、あるいは声がかかり、グローバル規模でプロジェクトを組んだり仕事を受発注するのがあたりまえになります。

翻って、今日の学校教育は、「新しいものをつくる」「従来のしくみを変える」「も

のごとの本質をとらえる」「ソーシャルでの社交性を身につける」「主義主張や価値観が異なる人と対話できる」といった能力を獲得、あるいは高度化するカリキュラムになっているでしょうか。

ほとんどの学校の教育は、「ペーパーテストで良い点をとる」方向に向かっています。小学校はともかく、自我が芽生えた中学校、将来の進路を考え始める高校でも、受験勉強を意識します。

大学も理論重視で実務とはほど遠い。研究者の育成には適していても、ビジネスパーソンとしての基礎づくりになっているのか。

つまり、学歴を得るための教育を捨て、子どもが自分の力で人生を切り開くことができるような教育を、親が意識して与えることも重要ではないでしょうか。

◉資格の限界

今でも多くの社会人が資格取得の勉強をしています。

かつては、資格を持っている人は「専門知識を持っている人材」「努力を惜しまない人物」という一定の評価を受けることができ、昇給や手当、昇進や転職などにおいて少なからず恩恵をあずかることもできました。

しかし現代においては、「覚える」という行為の価値はどんどん低くなっています。たくさんの資格を持っていると「ヒマな人」という評価になりかねません。

さらに、資格の問題点は、需要と供給のバランスの崩壊です。

たとえば、司法試験・司法書士・公認会計士・税理士・社会保険労務士・中小企業診断士・宅地建物取引等主任者の国家資格ホルダーは、平成に入ってからだけでも100万人以上増え、いまだに毎年5万人以上の合格者が生まれています。昭和の時代から数えると、有資格者はものすごい人数が存在することになります。

さらに、簿記やFPなど、公的機関による資格取得者も含めると、毎年毎年、膨大な数の資格ホルダーが生まれているわけです。

では、これからの人口減少時代、そうした有資格者に対するニーズは高まっていくでしょうか。供給過剰になり、人が余り、ダンピング競争になることが容易に想像できます。そんな競争過多の世界で勝ち残るには、よほどの商才が必要です。

もちろん私は資格取得を全否定しているわけではありません。税理士や弁護士はもちろん、そもそも法律で独占業務として定められている資格も多数存在しますし、知的財産権の分野などのように、今後需要の拡大が見込めるものもあります。そうした独占分野で専門性の高いスキルを身につけて独立したい、という明確な意志がある場合もあるでしょう。

しかし、「手に職をつけたい」などという漠然とした理由で取り組むには、資格取得に要する時間とエネルギーはあまりに大きいと言えます。

そのため、資格取得を目指す前に、「その職にニーズはあるのか？」「これからもニーズはあり続けるのか？」「どのような方法で収益化できるのか？」をしっかり考えてから取り組む必要があります。

◉投資するなら「回収」しないと意味がない

「20代のうちは自分に投資しなさい」という主張は確かにうなずけますが、「投資」であるからには、回収しなければなりません。つまり、勉強を始める前に、どのように回収すればいいかを同時に考えておく必要があります。

最も重要な回収方法は、当然ながらお金を稼ぐことです。ビジネスパーソンの勉強とは、最終的に「どれだけお金を稼ぐ自分になれるか」という指標で測られます。

なぜなら、顧客に喜んでもらってはじめてお金をいただけるわけですから、換金できない勉強は社会の役に立っていないということを意味するからです。それはつまり趣味の世界、暇つぶしです。

◉学びと実践を同時並行させる

お金を稼ぐ自己投資とは、「身体を動かしてマスターする」ということを意識することです。

たとえば、コピーライティングの本を読んだらすぐにコピーを書いてみる。トップ営業のノウハウを聞いたら、家に帰ってすぐにロールプレイングしてみる。新しい英語表現を学んだら、すぐ口に出して何度も繰り返す。

そのようにして、学んだことと身体の動きを直結させることを意識して、知識を実践力に変換することが大切です。

つまりビジネスパーソンの勉強とは、覚えることよりも、学んだらすぐ自分の手足を動かして身体で習得すること。実戦経験を積み重ねる中で、成果を出す力を獲得することです。

ひまなのは嫌だ!

40 拡大志向を捨てる

捨てられない人 無駄なものに気がつけない。

捨てられた人 満足度の高い生き方が見えてくる。

私はかつて、「起業したら、会社を大きくしていくものだ」という固定観念に囚われていました。

雇用を創出して人をたくさん雇い、立派なオフィスを借り、売上規模を大きくしていくのが経営者の役割である。それは当然だ、と思っていました。

従業員のために仕事をする自分、会社を維持発展させるために毎日働く自分。それが自分の存在意義であり、自己表現であり、やりがいであるはずでした。

しかし次第に、そういった発想は、自らが理想とする「自由な生き方」と逆行する行為ではないかと感じるようになったのです。

そこで、会社の主要事業だった不動産売買やスクール運営はすべて分社化して別の経営者に任せ、他のプロジェクトは外注とアライアンスでまかなえるようにしました。都心にあった広いオフィスは解約し、自宅兼事務所に。従業員の雇用もやめ、今は一人会社に。在庫や各種ＯＡ機器も売却し、「持たない経営」にシフトしました。

現在、日常業務はほとんどネット上で完結するため、オフィスに行く必要はありません。新しい事業プランを考える合間にネットトレードをする。カフェで本の執筆をする。月に何度か講演をする、という生活です。

最盛期は数億円規模あった会社の売上は当然ながら減少しましたが、経費がほとんどかからない分、利益率は格段に上がり、年商＝年収になりました。

こうして私は、まだまだ十分ではありませんが、自由とお金の両方がある生活を送ることができるようになりました。

◉他人の真実と自分の真実は違う

そんな経験を通じて、私はこう考えるようになりました。

みんなが「会社は大きくすべきだ」「雇用を増やすことが経営者の使命だ」と言ったとしても、自分が楽しくなければ、それは自分にとっての真実ではない、と。

「1つの道を追求することが尊い」という美徳があったとしても、仕事も職業も一生1つでなくたっていい。職業を何度も変えていいし、同時に複数の仕事を持ってもいい。「二兎を追って二兎とも得る」ことができれば、そのほうが楽しい。

「逃げたら負け」「がんばれ」「石の上にも三年」と言う人は多いですが、そんな道徳心や周囲からのプレッシャーが自分の行動を縛ってしまう。

でも別に、負け犬からのスタートだっていい。嫉妬からのスタートだっていい。どんな感情であっても、人生を前向きに切り開く原動力になり、自分が楽しくなるのなら、何だってアリだ、と考えています。

真実や価値観は、解釈次第で万華鏡のように変わる。そしてそれに気がつくと、世間の常識やら、他人の目という呪縛から、自らを解放させることができます。そうやって自分を縛るものがなくなれば、心も行動も、もっと自由になれる。

◉私たちは企業のマーケティングによって買わされている

日常レベルでも、私たちは拡大志向にとらわれがちになります。それは、国家や企業のマーケティングによって、「理想的な人生」「望ましいライフスタイル」を刷り込まれることによる、常に「消費レベルを上げていく」という拡大志向です。

その結果、効果のないものも効果があるように見せかけられ買わされる。必要ないものも必要であるかのように思い込まされ買わされる。「せっかくですから」「より価値のあるものを」というセールストークで、高額なものを買わされる。

私たちはビジネスパーソンとして、あるいは経営者として、「どうすればもっと売れるか？」ということを目指して日々仕事に取り組んでいます。しかしそれは消費者からすれば、「企業に自分の財布を開かされている」ことと同義です。

会社では消費者に買わせようとする、生活者としては買わされるプレッシャーにさらされる、という相反する立場に同時に立たされているのが今の私たちです。

もちろん、一般的に拡大志向そのものは「がんばろう」というモチベーションになります。しかし、自分のライフステージや状況によっては、いったん拡大志向を捨てたほうが、より満足度の高い生活が手に入ることがあります。

たとえば、広い家が必要になるのは、子どもが成人するまでのおおよそ20年程度。それ以外の年月は夫婦二人だけですから、中古物件をリフォームで対応したほうがリーズナブルかもしれない。そう考えれば、「新築志向」に振り回されることもない。

何が入っているかわからない外食よりも、自分で安全が確認できる食材を買ってきて、夫婦や家族で一緒に夕食を作るほうが楽しいかもしれない。そう考えれば、グルメ情報に振り回されることもない。

毎年新しい洋服や靴を買わなくても、ちょっと手入れをするだけで良い状態を保つことができ、何年も使い続けることができる。そう考えれば、業界が作るトレンドに振り回されることもない。

生活水準の高さと充実した生活とは、必ずしもイコールではありません。消費をしなくても、高級なものを買わなくても、ほかの家庭と違っても、ちょっと考え方を変えるだけで、十分楽しい生活になります。

好きな人と一緒だったら、カフェで飲むコーヒー一杯だけでも、満ち足りた時間を過ごすことができるのですから。

午堂登紀雄（ごどう　ときお）
1971年岡山県生まれ。中央大学経済学部卒。米国公認会計士。大学卒業後、東京都内の会計事務所を経て、大手流通企業にて店舗及びマーケティング部門に従事。世界的な戦略系経営コンサルティングファームであるアーサー・D・リトルで経営コンサルタントとして活躍。2006年、初の著書『33歳で資産3億円をつくった私の方法』（三笠書房）がベストセラーとなる。株式会社プレミアム・インベストメント&パートナーズを設立。現在は不動産投資コンサルティングを手がけるかたわら、資産運用やビジネススキルに関するセミナー、講演で活躍。『頭のいいお金の使い方』（日本実業出版社）、『年収1億を稼ぐ人、年収300万で終わる人』（学研）など著書多数。

1つずつ自分《じぶん》を変《か》えていく
捨《す》てるべき40の「悪《わる》い」習慣《しゅうかん》

2014年10月20日　初版発行
2014年12月10日　第4刷発行

著　者　午堂登紀雄
発行者　吉田啓二

発行所　株式会社日本実業出版社　東京都文京区本郷3－2－12 〒113-0033
大阪市北区西天満6－8－1 〒530-0047
編集部 ☎03－3814－5651
営業部 ☎03－3814－5161　振　替　00170－1－25349
http://www.njg.co.jp/

印刷／厚徳社　製本／共栄社

この本の内容についてのお問合せは、書面かFAX（03－3818－2723）にてお願い致します。
落丁・乱丁本は、送料小社負担にて、お取り替え致します。

ISBN 978-4-534-05222-3　Printed in JAPAN